CONSCIÊNCIA
TRANSFORMADORA

TRANSFORMANDO
PESSOAS E
RECUPERANDO
EMPRESAS

©Editora DSOP, 2019.
©Miguel Vinícius Guarnieri, 2019.
©José Gomes de Araújo, 2019.

PRESIDENTE | Reinaldo Domingos
AUTORES | Miguel Vinícius Guarnieri e José Gomes de Araújo
COORDENADORAS EDITORIAIS | Christine Baptista e Renata de Sá
EDITORA DE TEXTO | Ana Paula de Oliveira Moliner
DIAGRAMAÇÃO | Beatrice Jacob
REVISÃO | ReCriar Editorial

Todos os direitos desta edição são reservados à Editora DSOP.
Av. Paulista, 726 – Cj. 1210 – Bela Vista
CEP: 01310-910 – São Paulo – SP
Tel.: 11 3177-7800
www.editoradsop.com.br

DADOS INTERNACIONAIS DE CATALOGAÇÃO NA PUBLICAÇÃO (CIP)
(CÂMARA BRASILEIRA DO LIVRO, SP, BRASIL)

Guarnieri, Miguel Vinícius
   Consciência Transformadora: transformando pessoas, recuperando empresas / Miguel Vinícius Guarnieri, José Gomes de Araújo -- São Paulo: Editora DSOP, 2019

ISBN 978-85-8276-306-3

1. Autoconfiança 2. Empresas - Administração 3. Empreendedores 4. Empreendedorismo 5. Realização profissional 6. Sucesso Profissional I. Araújo, José Gomes de II. Título

19-29857   CDD-658

Índices para catálogo sistemático:

1. Empresas: Administração   658

AGRADECIMENTOS

Aos amigos e parceiros de negócios que, generosamente, têm colaborado, cada um à sua maneira, tornando possível a concretização do ITEM.

Aos consultores que enriquecem nossas vivências: Celeste Brito, Elisângela Ortenzi, Sandra Raphael, Rodrigo Burlamaque, Lui z Fernando K. T. Sodré, Humberto Riekmann e Julio Monteiro Abreu.

Ao amigo Roberto Lopes, criador da marca e sócio da "*The Ideias*", genuinamente um inspirador de sonhos.

DEDICATÓRIA

Ao amigo I. B. G (Issac Brito Gondim), como gosta de ser chamado, por nos inspirar a "apoiar empresas e empresários na sustentação do negócio, por meio de uma intervenção ética e sistematizada que garante solidez financeira e liderança consciente", que é a missão do ITEM. A esse mestre na arte de transformar empresas em organizações lucrativas, nossa gratidão.

INTRODUÇÃO

Vivemos sob constantes e agressivas mutações. A natureza transforma-se em sua intimidade. Entre os dois suspiros que delimitam a existência corporal, sem nos darmos conta, reações ocorrem em nosso corpo físico em velocidade e intensidade significativas.

A máquina humana, a cada segundo, envelhece. O metabolismo desacelera, inevitavelmente. A organização cede à desordem. As transformações têm lugar não somente em nosso físico, mas em nossa mente. Comportamento sugere "comportas da mente", e abri-las é essencial.

Esta obra nasceu à luz das transformações que promovemos nas empresas. De antemão, salientamos que ela não tem por base a Lei de Recuperação Judicial e Extrajudicial (Lei n. 11.101, de 9 de fevereiro de 2005). Nossa intenção, em primeiro lugar, é explanar aspectos de gestão empresarial para organizações em crise crônica, carentes de novos modelos mentais. Baseamo-nos em experiências vividas por nossa equipe e nos inspiramos em estudiosos desse contexto e em suas contribuições.

Neste nosso livro, o termo *Transformação* deve ser entendido como *Recuperação* ou *Reestruturação* de empresas. Preferimos denominar Transformação, independentemente de suas características, pois ninguém recupera ou reestrutura uma empresa sem transformá-la.

Consciência transformadora – transformando pessoas, recuperando empresas não é um manual para a recuperação de uma organização em declínio. Se o fosse, como outros livros relevantes estudados por nós, sua estrutura seria diferente desta, que nos foi dirigida por pensamentos de profundo propósito de transformação, primeiro do ser. Ainda assim, somos convictos de que deixamos a desejar. Graciliano Ramos comparava a arte de escrever à de lavar roupas à beira do rio, em que há várias etapas no processo: molhar, passar sabão, pôr ao sol, bater na pedra limpa, observar bem, colocar anil na água, enxaguar a roupa, torcer, torcer, bater novamente, enxaguar... bater... enxaguar... e só depois colocá-la no varal. Buscando a perfeição, às vezes nos perdemos entre tantas ideias e vivências, correndo o risco de não terminar o livro, ao bater, bater, bater suas frases, como se faz com as roupas. Chega o momento em que é necessário colocar a obra ao alcance do leitor.

O importante é termos reunido informações que possam ser úteis a você, agregando a nossa vivência à sua e proporcionando alguma reflexão.

Muito obrigado.
Guarnieri & Gomes

CAPÍTULO UM
UM MUNDO EM TRANSFORMAÇÃO · 14

CAPÍTULO DOIS
MIOPIA EMPRESARIAL · 28

CAPÍTULO TRÊS
AUTOSSABOTAGEM AVASSALADORA · 38

CAPÍTULO QUATRO
SINAIS DO DECLÍNIO · 52

CAPÍTULO CINCO
COACHING E AUTOTRANSFORMAÇÃO · 70

CAPÍTULO SEIS
A LIDERANÇA FACILITATIVA · 86

CAPÍTULO SETE
A METODOLOGIA TRANSFORMADORA · 100

CAPÍTULO OITO
AS 12 SEMANAS PARA O ÊXITO · 142

CAPÍTULO NOVE
TRANSFORME-SE ENQUANTO É TEMPO · 152

CAPÍTULO DEZ
CONSCIÊNCIA E ESPIRITUALIDADE · 170

Quando aceitei o gentil convite de escrever o prefácio de Consciência Transformadora – Transformando pessoas e recuperando empresas, o novo livro do Miguel Vinícius e do Gomes, percebi que meu maior desafio seria controlar minha tendência a ser prolixo. Não acontece sempre... somente quando fico entusiasmado.

Então me desafiei a fazer o contrário: Seria possível resumi-lo em uma única frase? Após uma releitura, me veio à memória uma frase genial de Albert Einstein:

"Nós não podemos resolver um problema, com o mesmo estado mental que o criou."

É sobre isso que a obra discorre com precisão e até certa leveza, apesar de tratar de doenças corporativas graves, algumas fatais, todas fontes de bastante estresse, dor e sofrimento de empresários que, provavelmente, usaram o bom senso e deram o melhor àquelas empresas. Definitivamente, "bom senso" e "dar o seu melhor" nunca foram suficientes para alcançar o sucesso, não é? Por outro lado, o livro não fala de buscar culpados, mas de identificar e sanar as causas. E, de novo, para isso não basta bom senso. É necessário método. Método e coragem.

Os autores mesclam exemplos reais e uma lógica poderosa para nos auxiliar a entender as mudanças de paradigma mental cruciais para uma recuperação corporativa, o que torna a leitura um momento de prazer para os que buscam ampliar sua visão da área de negócios. Além, é claro, de esperança para os que se encontram em dificuldades nas áreas dos negócios.

George Patrão

CAPÍTULO UM

UM MUNDO EM TRANSFORMAÇÃO

*"Quando é necessário mudar?
Antes que seja necessário."*

Claus Muller

O DESAFIO DA DISPARIDADE DE INTERESSES

O segmento em que atuam é próspero. O negócio, especialmente desafiador, mas sem comunhão de ideias e sem interesses que convergissem para um mesmo ponto. Adotaremos aqui nomes fictícios, evitando expô-los e respeitando o sigilo. O pensamento de Eduardo era apenas ganhar muito dinheiro, a qualquer custo. O outro, Paulo, diretor industrial, procurava ajustar os interesses corporativos, abstendo-se, por ter cansado de expor suas ideias, de bater de frente com as decisões de Eduardo, o diretor comercial. Este, dotado de reconhecido tino comercial e de carisma envolvente, rápido no raciocínio e ágil na ação, atropelava-se na ânsia costumeira de fechar negócios, sem critérios que os protegessem dos prejuízos. Paulo, seu amigo desde a adolescência, por várias vezes pensou no rompimento da sociedade, enquanto as dívidas não eram exponenciais. Mas não era hora de "fugir da raia", pois estavam completamente endividados.

Os custos fixos da empresa estavam extremamente altos e representavam 48% da receita. As exacerbadas demandas pessoais do hiperativo Eduardo tinham consequências danosas para o negócio, pois suas retiradas financeiras eram crescentes havia três anos. Paulo, sem concordar, mas observando a ganância do outro sócio, esperava que em algum momento tivessem uma conversa definitiva sobre a importância da mudança de hábitos.

Para você, leitor, ter uma rápida noção do cenário e auxiliar na interpretação do que narraremos, o CPV (custo do produto vendido) da empresa girava ao redor de 55%; o custo financeiro, no prazo médio, passava de 5%; e os impostos eram em torno de 23%. Os custos, portanto, representavam 131% da receita, ou seja, 31% de prejuízo operacional.

Obviamente, em dado momento, os sócios deixaram de recolher os impostos e, para o equilíbrio do caixa, sacrificaram os recolhimentos previdenciários e até o Fundo de Garantia de seus colaboradores. Com o caixa equilibrado erroneamente, tinham a falsa sensação de uma pequena sobra financeira.

Nesta fase, os estoques representavam 50% da receita de um mês e as pendências com fornecedores de matéria-prima, 67%. As dívidas com bancos somavam três faturamentos mensais, e as dívidas fiscais chegavam a quase quatro faturamentos. O total de dívidas ultrapassava, portanto, a casa de seis faturamentos mensais. Todavia, reconheciam que estavam com uma "inflamação crônica" e teriam sérios problemas em um futuro próximo.

Um de seus principais clientes, localizado na mesma cidade, entrou em recuperação (não judicial). O consultor responsável determinou as regras para o pagamento dos credores. Adriano e Paulo estavam entre eles e aceitaram que o pagamento dos créditos que lhes eram devidos fosse feito conforme a exigência do consultor. A rigorosidade e a competência demonstradas pelo renomado consultor chamaram a atenção de ambos. Quem sabe o caminho fosse ter uma gestão como aquela em sua empresa? Era o momento de abrirem mão do comando ou, metaforicamente, "sofreriam uma convulsão, pois a febre já estava muito alta". Se não agissem rapidamente, a morte da empresa era certa.

Mas, já que não havia como atendê-los, aquele consultor indicou nosso trabalho aos dois sócios. Assumimos o compromisso e iniciamos o trabalho. Determinamos todos os parâmetros estabelecidos para a transformação da empresa de Adriano e Paulo. De maneira transparente, fixamos o teto para os custos fixos, incluindo suas retiradas. A redução necessária ultrapassou muito o valor que eles pensavam cortar dos próprios custos; mas, caso contrário, a conta não fecharia.

E foi aí que o "bicho pegou"! Já no segundo mês de trabalho de consultoria, Eduardo argumentou que, se as vendas aumentassem, sua retirada poderia ser melhorada. Fugir da realidade ou não querer ver o óbvio é a primeira intenção do empresário. É comum, no início do processo, ele superestimar sua resiliência e achar que vai superar facilmente o desafio. Encontra na consultoria o estímulo para vencer, ao mesmo tempo que compreende seus limites, diante das regras não flexibilizadas por nós, consultores.

Com o passar do tempo, o estresse aumentou. Eduardo, com o sistema nervoso sempre à flor da pele, comportava-se como um menino vaidoso e arredio, desrespeitando as regras com arrogância disfarçada de ousadia comercial, além de uma ansiedade que a todos incomodava. Era tido como desequilibrado emocional. Por sua vez, Paulo, aos poucos, cansava-se do convívio e tinha de lidar com a sabotagem do processo por parte do sócio.

Apesar dos repetitivos momentos de desgastes, o trabalho de consultoria se concretizou e atingiu o êxito em 24 meses, deixando o caixa equilibrado, as dívidas com os fornecedores pagas, as dívidas de bancos quitadas e o faturamento com 55% de aumento, o que permitiu aos sócios negociarem o pagamento dos impostos atrasados.

A estratégia aplicada para o equilíbrio financeiro desta empresa não se configurava um grande desafio para a consultoria. O maior desafio foi contornar, frequentemente, as contingências geradas pelos próprios sócios.

CONSCIÊNCIA **TRANSFORMADORA**

A VELOCIDADE DAS TRANSFORMAÇÕES

Percebemos as transformações no mundo contemporâneo e a velocidade crescente das mudanças. Foram necessários cerca de 5 bilhões de anos para que a vida na Terra chegasse ao seu aspecto atual. A evolução selecionou as espécies mais adaptadas às condições do nosso "planeta água", favorecendo-lhes o desenvolvimento contínuo. Nossa espécie, Homo sapiens, conta com 125 mil anos de vida, aproximadamente. Estima-se que, há cerca de 2 mil anos, a população global era de 300 milhões de habitantes.

E por um longo período ela não cresceu significativamente...

Decorreram mais de 1.600 anos para que a população dobrasse para 600 milhões de pessoas. A humanidade precisou de mais duas centenas de anos para alcançar o primeiro bilhão de habitantes, por volta de 1800. E foram necessários mais 125 anos para dobrar, mais uma vez, a população do planeta, atingindo 2 bilhões de habitantes, por volta de 1927. O terceiro bilhão foi atingido 34 anos depois, em 1961. Atualmente, somos mais de 7,5 bilhões de seres humanos que vivem com a expectativa de um mundo melhor, em uma competição acirrada por espaço e alimento.

Liderar empresas, comunidades e países traduz-se, para este habitante mais inteligente do planeta, no maior de todos os desafios já assumidos nos 193 países que o compõem.[1]

---

[1]Segundo a Organização das Nações Unidas (ONU), em 26 de julho de 2018.

Paralelamente ao crescimento demográfico, a tecnologia ganha expressão e dá suporte às conquistas humanas, em todos os campos da vida. O conhecimento, base dessas conquistas, essencial ao desenvolvimento do progresso no mundo, é uma competência transitória do ser humano, por ser altamente perecível. Ele se torna velho, obsoleto. No ano 1000 d.C., a velocidade da informação atingia, no máximo, 60 quilômetros por hora, pois dependia de um cavalo, o veículo mais rápido da época, para ser levada de um ponto a outro. Há pouco mais de um século e meio, quando a energia elétrica foi descoberta, estimava-se que para dobrar o conhecimento científico mundial, ou melhor, para que todo o conhecimento fosse renovado, seriam necessários mais de 100 anos. Em 1985, estudiosos diziam que o mundo evoluiria mais nos 15 anos seguintes do que evoluiu nos 2.500 anos anteriores. E isso ocorreu. Com o advento da rede mundial de computadores – a internet –, a velocidade da informação superou a dos anos 1000, dos módicos 60 quilômetros por hora, atingindo a marca de 300 mil quilômetros por segundo: a velocidade da luz. Atualmente, o mundo dobra seu conhecimento em menos de 180 dias. Mais de 80% das profissões que dominam o mercado nasceram na última década. Desde o surgimento das inovadoras ferramentas da mídia, a velocidade da informação cresceu de forma exponencial. As atualizações são instantâneas, e a diversidade de conteúdo é incomensurável.

EMPREENDER: UM DNA DO BRASILEIRO

Em pleno século XXI, diante da escassez de recursos naturais, empreender, que sempre foi um objetivo do homem, tornou-se um grande desafio. Antonio Carlos Porto Araújo[2] aborda que, durante o processo de desenvolvimento econômico de um país, algumas variáveis socioeconômicas são determinantes para a atratividade do empreendimento, como o nível de renda per capita, o índice de concentração de renda, o grau de urbanização das cidades polos de negócios, a velocidade das pesquisas científicas e o acesso às informações por parte dos empreendedores. Considerando uma série dessas variáveis socioeconômicas e a formação social do Brasil, somos um país que se destaca entre as nações com relação ao índice de empreendedorismo, possuindo um dos maiores do planeta. Não é nosso objetivo aqui o aprofundamento quanto às questões que induzem o brasileiro a empreender. E, embora seja o povo mais empreendedor do mundo, apenas 16% abrem o próprio negócio e grande parte das empresas fecha as portas antes do terceiro ano de vida. Para que elas sobrevivam às adversidades e cresçam harmonicamente, o homem se depara com outro desafio: o de liderar pessoas. A liderança é, atualmente, um dos temas mais estudados no mundo.

O líder de um empreendimento não age sozinho para o sucesso do negócio nem é capaz de determinar o curso de todos os acontecimentos. Ele integra uma complexa rede de interações, for-

---

[2] ARAUJO, Antonio Carlos Porto. *Como entender a lei de recuperação de empresas – uma visão econômica*. São Paulo: Trevisan Editora Universitária, 2006.

mada por fornecedores, parceiros, colaboradores e clientes. Reconhecer e aperfeiçoar a sua competência interpessoal propiciará melhor retorno de seus esforços, principalmente no campo profissional. Influenciar pessoas a darem o melhor de si não depende exclusivamente de autoridade posicional ou do cargo que a pessoa ocupa, mas de um conjunto de atos e de exemplos que traduzem a capacidade de irradiar entusiasmo, credibilidade, confiança e coerência entre os valores pronunciados e os praticados em uma organização. É extremamente importante compreender como o ser humano funciona, como se relaciona, como é motivado e seus padrões de comportamento.

As organizações são parte integrante da vida e do panorama social contemporâneos, conforme menciona a Dra. Rosa Krausz[3], que complementa: "Em qualquer sociedade, os relacionamentos estão sujeitos a um mínimo de normas pautadas em tradições, valores, crenças e padrões de comportamentos que constituem a cultura do grupo e que regulam, de alguma maneira, as relações entre seus membros e a manutenção de um conjunto de regras para assegurar a sobrevivência do grupo". O empreendedor contemporâneo descobre que é preciso aprender para aprender a conduzir seu negócio. Empreendedor e visionário não são sinônimos. O segundo é um atributo do primeiro. Não há manual prático ou metodologia que assegure ao empreendedor sonhar, ver e agir como um visionário. DORNELAS[4] salienta que "o empreendedor de sucesso possui características extras, além dos atributos do administrador. Vai além das tarefas normalmente relacionadas aos administradores, tem uma visão mais abrangente e não se contenta em apenas fazer o que deve ser feito. Possui alguns atributos pessoais que, somados às características sociológicas e ambientais, permitem o nascimento de uma nova empresa. São indivíduos que fazem a diferença". Os

---

[3]KRAUSZ, Rosa. *Compartilhando o poder nas organizações*. São Paulo: Nobel, 1991.
[4]DORNELAS, J. C. A. *Empreendedorismo corporativo: como ser empreendedor, inovar e se diferenciar na sua empresa*. 8ª reimp. Rio de Janeiro: Elsevier, 2003.

empreendedores são movidos por alta energia, são determinados e perseverantes, além de incansáveis. Automotivam-se, mantendo o foco em metas desafiadoras. Com elevado índice de autoconfiança, assumem riscos, suplantam o medo e tomam decisões radicais, quando necessário. São independentes e valorizam a autonomia.

É com este somatório de características que os empreendedores brasileiros vêm "surfando na onda" desafiadora da economia, provocando transformações sociais. Inovações surgem e fomentam ideias a serem exploradas como oportunidades de negócio. As barreiras da comunicação foram vencidas, e o mundo virou uma "ervilha". Produtos e serviços são comercializados globalmente. Ao empreendedor já não cabe viver apenas localmente, como se o mercado estivesse restrito ao seu bairro, à sua cidade, ao seu estado ou mesmo ao seu país. O campo de atuação do empreendedor da atualidade ampliou-se demasiadamente nos últimos anos, mesmo que disso ele não tenha se dado conta. E o mesmo ocorreu com a repercussão de suas ações. Se o mercado em que atua é mais amplo do que imagina, seu potencial de sucesso é diretamente proporcional à percepção deste quadro.

Empreender sem critérios, sem planejamento e sem metodologia, aguardando apenas os ventos da sorte, configura-se uma atitude de alto risco. Afinal, a empolgação desenfreada beira à euforia cega, acarretando prejuízos incalculáveis. O empreendedor que souber fazer a leitura dos sinais em torno do seu negócio e interpretar as intenções e ações dos que o circundam terá grande chance de extrair o melhor do contexto e de atingir o êxito. Malcon Gladwell, em seu livro Outliers – fora de série, ressalta que são necessárias, no mínimo, dez mil horas para que alguém atinja o patamar de sucesso que o distinga da maioria. Enquanto a luta pela sobrevivência, sem qualquer critério, é o que move a maior parte da população mundial, a menor parte é movida por um sonho e por crenças de possibilidade e de realização. Danah Zohar, autora do livro O ser quântico, frisa:

> *Lendo Newton, sentimos a necessidade de perguntar: como é que alguma coisa consegue acontecer? Com a interpretação de Bohr Heisenberg, da mecânica quântica, o problema passa a ser: como é que alguma coisa consegue ser? Mas outros teóricos quânticos, liderados por um apaixonado Einstein, argumentaram que qualquer realidade tão completamente indeterminada, probabilística, não poderia ser concebida. O Todo-Poderoso, assegura-nos Einstein, não sancionaria um Universo que funcionasse como uma casa de jogo banal.*

Ou seja, nada é casual. Empreender requer mentalidade empreendedora. Conforme pesquisa realizada pelo Global Entrepreneurship Monitor, de 2006, sobre o empreendedorismo em âmbito global, o Brasil está classificado como um país empreendedor. No entanto, o espaço entre o primeiro suspiro, quando nasce um empresário, e o último, quando ele fracassa, é preenchido por ações e acontecimentos que vêm sendo analisados, servindo de base para o sucesso de outros. O aprendizado formal e o treinamento oferecem aos potenciais empreendedores a possibilidade de criarem suas empresas em condições mais favoráveis e com mais conhecimentos gerenciais sólidos, reduzindo tentativas malsucedidas[5].

QUALQUER QUE SEJA O SEU SONHO, ELE NASCE NA PROBABILIDADE E AVANÇA NA POSSIBILIDADE PARA TORNAR--SE REALIDADE. PORTANTO, CRER NA PROBABILIDADE DE EMPREENDER, FIRMAR--SE NA POSSIBILIDADE DE JAMAIS DESISTIR E PROJETAR NA MENTE O DESTINO ALMEJADO SÃO PREMISSAS PARA A REALIZAÇÃO.

---

[5]MACULAN, Anne Marie. *Analisando o empreendedorismo* In: Encontro de Estudos sobre Empreendedorismo e Gestão de Pequenas Empresas (Egepe), 4. Curitiba, *Anais*, 2005, p. 497-507.

CONSCIÊNCIA **TRANSFORMADORA**

Entre as características do mundo corporativo contemporâneo em constante mutação, há três que se ressaltam: é um mundo de menos tempo, com menos recursos e onde são exigidos mais resultados. Tudo é para ontem. Não há recursos sobrando, sendo necessário "fazer do limão uma limonada". Somos mais exigidos para termos produtividade. A compreensão deste quadro nos ajuda a administrar os conflitos oriundos da sensação de sermos demandados em nossas competências de maneira que julgamos, muitas vezes, ser exacerbada. Quando um profissional passa a demonstrar certo desconforto com a cobrança de seus superiores por melhor desempenho, digo "bem-vindo ao clube!". A posição de conforto é prejudicial, seja para o colaborador de "chão de fábrica" ou para o empresário. O tempo, a concorrência, o mercado ou os clientes não admitem "corpo mole", muito menos inércia corporativa.

Nada disso implica dar vazão à ansiedade oriunda do desequilíbrio emocional, marca registrada de grande parte de empresários que não escondem a pressa pela conquista do sucesso e da riqueza a qualquer custo. Se você faz parte desse quadro, reflita e estabeleça um critério de vida mais condizente com o equilíbrio que seu corpo e mente demandam, para que desfrute do que almeja conquistar. Caso contrário, "baterá as botas" antes mesmo de adquirir o carro ou a casa de seus sonhos. Muitos dos empreendedores que pedem socorro com suas empresas em estado de declínio acentuado devem esse triste quadro às atitudes que derivam de comportamentos inconsequentes, intempestivos, desequilibrados, incoerentes. E alguns dizem "'Perdi a mão' de meus negócios, por isso estou no vermelho...".

Entre as razões para você ter se dedicado à leitura deste livro, deve estar seu interesse em acertar ou corrigir o rumo dos negócios, diante da complexidade que é gerir uma organização. Vale a pena refletir sobre:

- O que o levou a empreender?
- Quais talentos garantiriam o êxito no negócio escolhido?
- Quais razões sustentam a hipótese de que você superaria todas as adversidades?
- Sua gestão do negócio já impactou negativamente o desempenho da empresa?
- Ao perceber que algo estava errado, você persistiu no erro acreditando que o tempo resolveria o problema?
- Há prejuízo financeiro com dívidas que se agravaram?

O primeiro passo para a solução dos problemas deve ser dado em busca da consciência para transformar o erro em aprendizado profundo, para depois prosseguir.

CAPÍTULO DOIS

MIOPIA EMPRESARIAL

"O grande segredo da nossa doença oscila entre a precipitação e a negligência."

Johan Wolfgang von Goethe

EU NÃO TE DISSE?

"Por que chegamos a esse ponto de extrema dificuldade?", pergunta a si mesmo, de repente, o empresário.

Essa questão nos faz lembrar de uma situação vivenciada, certo dia, por um amigo e médico oftalmologista. Um casal de portugueses, de idade avançada, enfrentava um problema relativamente corriqueiro: ela, a esposa, estava com a visão a cada dia mais limitada, mas não querendo assumir; ele, percebendo a dificuldade da companheira em não ver mais os detalhes das coisas, insistia em levá-la ao médico. Dr. Celso, oftalmo especialista em pessoas da terceira idade, recebeu o casal para a consulta sugerida pela família havia muito tempo. Aquela senhora, adentrando à sala do doutor, foi logo dizendo, com seu característico sotaque da região do Alentejo, como se houvesse chegado no dia anterior ao Brasil:

– Doutori, eu vejo muit báin...

– Ah, claro, dona Lucila. Por favor, então sente-se e eu a examinarei.

Senhor Abílio, o esposo, com uma piscada sutil e o dedo indicador balançando pra lá e pra cá, em sinal negativo, expressou ao médico o que a família sentia: que sua esposa precisaria ser avaliada com um cuidado todo especial. O doutor não precisou de muito tempo para chegar à conclusão de que a paciente tinha no olho direito menos de cinquenta por cento de visão e no esquerdo, pouco mais de vinte por cento, além de um início de catarata, comprometendo ainda mais o quadro. Dr. Celso alterou a expressão quando perguntou a dona Lucila o que imaginava diante do diagnóstico, e ela respondeu que, talvez, precisasse fazer outros exames, pois aqueles – com todo o respeito – não a convenceram. E alegou que poderia ver muito melhor do que o doutor afirmava, sugerindo que havia algo errado com o processo.

– Há algo errado, sim – disse o profissional, olhando bem firme nos olhos de sua paciente, com um sorriso meio irônico. E continuou: – A senhora precisará passar por uma pequena cirurgia para a remoção dessa catarata e usará óculos daqui para a frente, a fim de distinguir melhor alhos de bugalhos!

– Mas doutour!

Neste instante, seu companheiro sorriu, de boca fechada, ainda mais irônico, olhando para a esposa, como quem diz: "Você não está vendo nada... Eu não te disse?".

POR QUE CHEGAMOS A ESSE PONTO?

A história da empresa começa com um sonho, o estímulo de todo empreendedor. Sustentado por um elevado nível de autoconfiança, elemento fundamental, ele elabora seu plano, tendo em mente os primeiros objetivos. Obcecado por seu ideal, ensaia o voo de liberdade em busca da independência financeira, do conforto material e da descoberta de sua missão de vida, da tão sonhada realização profissional. Atende à sua sensibilidade e segue a intuição, a bússola de que dispomos. É comum a sociedade ressaltar o talento empresarial dos que, "sem estudo", se tornaram referência, destacando-se como grandes realizadores.

Há sempre um comentário a respeito daqueles que, sem esforços extremos, pelo menos aparentes, galgaram repentinamente os degraus da fama ou do sucesso financeiro. É natural que os entusiastas inexperientes se deixem influenciar pelas histórias estimulantes de conquistas relativamente fáceis de empreendedores, cujas consistência e perenidade de sucesso são questionáveis. O solo das aparências é um terreno arenoso, para não dizer de areia movediça, sobre o qual alguns constroem os alicerces e pensam em edificar suas empresas, em oposição ao solo firme, o das essências. Essa inversão de valores tem conduzido boa parte dos empreendedores a desprezarem conceitos importantes de gestão e a fundamentarem suas ações apenas em um suposto *feeling*. Falta-lhes base coerente de gestão e conhecimento que suporte as boas tomadas de decisão.

William W. Scherkenbach salientou a importância de a empresa ter constância de propósitos, determinando hoje o caminho do negócio, visando à perenidade do amanhã[6]. Mas como sonhar com a perenidade do negócio se não se sabe qual é a missão da empresa, o passo a ser dado hoje? Lembramos a definição de Jack Welch[7]: "A missão de uma empresa deve responder à seguinte pergunta: Como pretendemos vencer nesse negócio?". Se ninguém respondeu a essa pergunta com profundidade e se a missão não foi escrita de forma clara, provavelmente poucos colaboradores sabem como a empresa pretende ser perene vivendo do que faz. Quando os primeiros sinais de "falta de fôlego" aparecem, o nervosismo passa a imperar, e o equilíbrio já não é mais palavra que inspira e dirige sócios, líderes e liderados.

O processo de recuperação – *turnaround* – é a única alternativa; infelizmente, a morte da empresa é questão de tempo. Na ausência de planejamento estratégico e sem gestão de pessoas e processos, o patógeno da desorganização e da baixa produtividade se instala e passa a afetar a saúde da organização. "As organizações vivem num ambiente no qual mudanças ocorrem tão rapidamente, que a gestão do processo estratégico deve preocupar-se continuamente com o equilíbrio entre o contexto, a estrutura, as formas de

---

[6] *The deming route to quality and productivity – road maps and roadblocks*, Bélgica: CEEP Press, 1993.
[7] WELCH, Jack. *Paixão por vencer*. São Paulo: Elsevier/Alta Books, 2005.

CONSCIÊNCIA TRANSFORMADORA

gestão e os processos e seus históricos, visando à manutenção das condições de sobrevivência."[8]

No entendimento dos estudiosos do tema, *turnaround* é "um declínio e uma recuperação no desempenho".[9] É, literalmente, a reviravolta pela qual a organização precisa passar, favorecendo que os seus talentos correspondam às suas expectativas para que o resultado feliz – o sucesso – possa acontecer.

Surgem os sinais de que "a coisa não anda bem". E ninguém sabe dizer quanto tempo durará a sensação estranha proveniente da falta de recursos. A crença mais nociva dos sócios, de que aumentando o faturamento tudo será resolvido, faz crescer a ansiedade que se espalha por toda a empresa como um vírus agressivo. Por outro lado, se a simples relação entre receitas e despesas fosse respeitada, os sócios abdicariam de exigir da empresa a manutenção daquilo que chamam de "minhas necessidades básicas", que de básicas nada têm.

O caixa é soberano, e a maioria das empresas não quebra por falta de lucro, mas por fluxo de caixa[10], por sócios que gastam mais do que podem. E quando aparecem os primeiros sintomas significa que a empresa já vem doente há algum tempo.

---

[8]ROIEK, Rosane Sippel e BULGACOV, Sergio. *Declínio organizacional e processo estratégico.* In: Encontro da Associação Nacional dos Programas de Pós-Graduação em Administração (Enanpad), Foz do Iguaçu, 1999.
[9]Schendel, Patton e Riggs, 1976.
[10]Fluxo de caixa: instrumento de gestão financeira que projeta para períodos futuros todas as entradas e saídas de recursos financeiros da empresa, indicando como será o saldo de caixa para o período projetado. Se o saldo for positivo, a empresa honra seus compromissos em dia e tem alguma disponibilidade financeira. Se for negativo, significa que não vem honrando em dia suas obrigações.

A CULPA NÃO É MINHA

Quando os graves desequilíbrios financeiros corroboram para comprovar a situação frágil em que se encontra a empresa, constatamos que há uma tendência do empresário em querer "terceirizar" as suas responsabilidades: é mais fácil atribuir a outra pessoa as causas do iminente naufrágio. Normalmente, encontra culpados por toda parte, dentro e fora da empresa, eximindo-se, com tamanha destreza, de qualquer parcela de culpa. Em sua visão:

- O mercado não corresponde, caiu muito.
- Seus colaboradores não sabem lidar com adversidades.
- Tecnicamente, não conta com pessoas competentes.
- Os colaboradores resistem e não trabalham da maneira recomendada.
- Os colaboradores antigos são a origem dos problemas crônicos de comportamento.
- Colaboradores sabem apenas pedir e reclamar. "Pago muito bem, mas na hora que preciso de dedicação eles não dão o sangue!".

Em sua visão, tudo e todos são causas do declínio, menos ele, que se enxerga como o mais capaz e está cercado de incompetentes. Na maioria das vezes, os colaboradores já procuraram, em vão, os canais apropriados para dizer o que deveria ser feito antes que a empresa fosse abalada.

Diante de problemas com produtos ou serviços manifestados pelos clientes, o líder do negócio descarrega aos gritos sua indignação, desequilibrando ainda mais o time. Pois, em sua concepção, são todos medíocres. E, quando o pior acontece, não sendo mais possível esconder a tragédia financeira, os colaboradores mais próximos não perdem a oportunidade de dizer a velha frase: "Eu não te disse? Eu não te disse que o pior aconteceria?". A prepotência distorce a visão do empresário – ou o cega –, piorando a situação.

Motivação! Esta é a solução que surge como recurso mágico, como se pudesse ser injetada na veia das pessoas, transformando o contexto da noite para o dia. Afinal, todos estão desmotivados, e essa é mais uma das razões à qual também atribui a fragilidade de sua empresa. Com o ego inflado, o empresário afirma que sempre foi um excelente vendedor e trará o aumento de receita imediato para resolver a questão da falta de caixa. Essa não é uma relação diretamente proporcional, pois o aumento da receita não fará sobrar mais dinheiro no caixa. Vender mais demanda a convergência de vários fatores:

- Mercado aquecido.
- Fornecedor de matéria-prima oferecendo condições atraentes e atendendo pontualmente.
- Custos e preços adequados ao que o mercado está disposto a pagar.
- Cliente final, por sua vez, disposto a comprar mais dessa empresa.

Vender mais é uma solução que vem de fora para dentro; no entanto, as respostas para os problemas financeiros imediatos da empresa devem vir, primordialmente, de dentro para fora.

> *É evidente que sob o guarda-chuva da gestão se abrem inúmeras variáveis possíveis, como competência técnica, habilidade humana, continuidade, modelos de governança equivocados, gestão familiar e falta de profissionalização, motivação, apostas erradas etc.; mas dentre os chamados fatores de gestão, o mais relevante para os administradores entrevistados tende a ser a cultura organizacional, especialmente em empresas familiares, o que se reflete na ausência da meritocracia, no descompromisso com o desempenho da organização, na subordinação dos resultados corporativos ao bem-estar familiar ou pessoal – oriundo de incentivos diferentes –, a excessiva presença dos "amigos da família" nos quadros da corporação, dentre tantas outras[11].*

Ao desviar o olhar das suas reais fragilidades, que vão desde contratações desnecessárias – empresa cabide – aos gastos abusivos, o negócio torna-se mais vulnerável às ameaças. A ansiedade faz com que o empresário observe apenas o curto prazo, enquanto as perspectivas de longo prazo deveriam ser mais valorizadas[12]. Tentando "tapar o sol da realidade empresarial com a peneira da liderança medíocre", inserida em uma moldura de vaidade, transforma seu antigo sonho em pesadelo.

---

[11] PEREZ, Marcelo M. Uma contribuição ao estudo do processo de recuperação de empresas em dificuldades financeiras no Brasil. Universidade de São Paulo (USP), Faculdade de Economia, Administração e Contabilidade.

[12] "Quando se pensa no horizonte de vida de uma empresa, faz-se necessário pensar no longo prazo. Ninguém acredita que retirar parte de seu salário hoje com o intuito de abrir o seu negócio amanhã e ficar bilionário depois de amanhã. Nem Bill Gates conseguiu isso com a Microsoft, que levou um certo tempo para o posicionamento da empresa no mercado." FONSECA, José Wladimir Freitas da. Administração financeira e orçamentária (livro digital) (Doutor em Ciências Econômicas pela Université Toulouse e Mestre em Desenvolvimento Econômico pela Universidade Federal do Paraná).

Crer-se um empreendedor visionário e deparar-se com uma doença crônica, relativa à falta de visão do próprio negócio e de si mesmo, gera conflitos um tanto quanto complexos. Nesta hora, cabem algumas perguntas, cujas respostas são a luz para as ações de prevenção:

- Fui permissivo com as ingerências?
- O que deveria ter considerado que não considerei?
- O que enxergam meus colaboradores ou parceiros a respeito da situação atual?
- Quais são as medidas sugeridas por eles?
- O que penso em fazer, efetivamente, para prevenir visões distorcidas de meu negócio?

A MIOPIA EMPRESARIAL DEVE SER EVITADA; PARA ELA, HÁ PREVENÇÃO EFICAZ: TREINAMENTO E DESENVOLVIMENTO.

Capítulo três

CONSCIÊNCIA **TRANSFORMADORA**

AUTOSSABOTAGEM AVASSALADORA

"Subconscientemente, é um jeito de deixar tudo como está. As crenças se mantêm e nada muda na mediocridade da vida."

George Patrão e Vinícius Guarnieri

O DESAFIO DO TRABALHO EM FAMÍLIA

O segmento em que atuam é de alta tecnologia, inclusive com produtos patenteados no Instituto Nacional da Propriedade Industrial (INPI). O marido é um "cientista" atuante na área química, e a esposa, apesar de formada na área de humanas, é sua escudeira na área administrativo-financeira da empresa, sem grandes recursos de conhecimento técnico, mas com forte intuição. Seguem os tópicos que caracterizam essa organização e seu negócio:

- Detentores de tecnologia utilizada na América do Norte e na Europa e com seu principal produto utilizado, com exclusividade, pela empresa de maior expressão no Brasil, no segmento alimentício.
- Empresa concentrada em menos de dez clientes e endividada em sete faturamentos.

Nossos trabalhos de gestão duraram 48 meses, para chegarmos à conclusão

No início dos trabalhos, os números eram:

1. O CPV (custo do produto vendido) representava 60% da receita mensal; o custo financeiro, 7%; os impostos, 26%; e o custo fixo, 43%. Em busca de equilíbrio no caixa, a fim de neutralizar o prejuízo mensal, estava sendo praticado o "zero a zero": não eram recolhidos os impostos sobre as vendas, as contribuições previdenciárias e o Fundo de Garantia do Tempo de Serviço (FGTS). Como resultado, o prejuízo mensal era de -36%.

2. A redução do custo fixo transformou, literalmente, a empresa, que demitiu 40% do quadro de funcionários, atingindo 65% do valor da folha de pagamento. Não foram demitidos somente os colaboradores da produção, mas também, e principalmente, as maiores remunerações, envolvendo os cargos de liderança, supervisores e gerentes. Como consequência, sócios e diretores tiveram que colocar, efetivamente, as mãos na massa. Foi feita a otimização dos custos de logística e houve coragem para substituir alguns prestadores de serviços, com preços acima de mercado, por outros parceiros, como: escritório de contabilidade, escritório de assessoria jurídica, transportadoras, suporte para a área de TI, entre outros.

3. A redução do CPV deu-se após os seguintes movimentos simultâneos:

    - Trocar alguns fornecedores, desenvolvendo novas fontes, contribuiu para a redução dos preços das matérias-primas.

    - O fomento ajudou a reduzir mais os preços de compra, sendo essa uma vantagem, apesar dos pequenos custos financeiros gerados. Em consequência disso, foram reajustados alguns preços de venda e abandonados alguns clientes tradicionais que "impunham" seus preços aos produtos que a empresa produziria.

    - O departamento de vendas aprendeu a, educadamente, utilizar o "não" como resposta.

4. O custo financeiro da empresa reduziu após negociarmos a diminuição no prazo de venda, contra o antigo hábito de financiarmos as multinacionais bem-sucedidas. Deixamos, com isso, de praticar prazos de venda acima de 28 dias, já que passamos a incluir o custo financeiro adicional para fomento da compra de matérias-primas, onde a diferença era muito vantajosa para nossa empresa.

5. Considerando o perfil dos empresários e se tratando de uma empresa familiar, as prioridades eram o padrão de vida e o sustento da família desses empresários, com seus filhos matriculados nos cursos mais cobiçados pelos estudantes brasileiros, em universidades particulares caras. Ou seja, o perfil do empresário endividado que mantém um padrão de vida nababesco: mantinham o elevado custo do imóvel residencial, já que não possuíam imóvel próprio, somado aos elevados custos da manutenção do título familiar do clube Paineiras, no Morumbi, do qual não abriam mão. Um alto padrão de vida suportado pelo prazo concedido pelos fornecedores na compra de matérias-primas e, também, pelas dezenas de contratos de capital de giro concedidos pela rede bancária.

Após os seis primeiros meses de trabalho...

6. Considerando que este projeto de consultoria ocorreu nos primeiros cinco anos dos anos 2000, quando havia maior competição entre as instituições financeiras, cada uma oferecendo várias opções, o valor do passivo com os bancos compreendia 11 instituições (Banco Itaú, Banco Bradesco, Banco do Brasil, Caixa Econômica Federal, Banco Santander, Banco Mercantil do Brasil, Unibanco, Sudameris, Banco Português, City Bank e Bank Boston), além de seis "factoring".

7. A demanda com a consultoria se inverteu: no início, 80% das necessidades eram referentes a habilidades técnicas, como planejamento, finanças, contabilidade, PCP (planejamento e controle da produção), marketing, negociações, relacionamento com sindicatos e ritos de execução, com diversos processos nas áreas cível, trabalhista e tributária; e 20% eram relacionadas às habili-

dades interpessoais. Inverteu-se completamente para 80% das necessidades relacionadas ao campo psicológico do comportamento humano, orientado para sabermos lidar com as lamentações e os "apertos" do casal de sócios (por causa da redução das retiradas imposta a eles), acostumado a manter o alto padrão de vida com os recursos provenientes de terceiros (instituições financeiras e fornecedores).

8. A instabilidade emocional, principalmente da mulher, que enfrentava as demandas do lar, ocasionou seu afastamento da diretoria administrativo-financeira da empresa, por período superior a um ano. E pasme o leitor: ela não fez a mínima falta no ambiente; aliás, este ficou mais harmônico e mais leve sem a presença dela.

9. Praticamente 80% de todas as dívidas com fornecedores, bancos e *"factoring"* tiveram redução média de 35%, sem a necessidade de recorrer à recuperação judicial[13] (Lei 11.101, de 9 de fevereiro de 2005), disponibilizada, na época, como a mais nova ferramenta para auxiliar no processo de recuperação de empresas em extrema dificuldade.

---

[13]Discordamos da recuperação judicial como opção para todas as empresas em situações de alto estresse financeiro e "sem uma luz no fim do túnel". Acreditamos ser um processo um tanto quanto "desleal" com parceiros como fornecedores e agentes financeiros que acreditaram que receberiam e não vão, neste caso, receber o que merecem por haver concedido créditos por longos anos à empresa em questão. Consideramos justo um processo de recuperação extrajudicial, na maioria dos casos, onde a transparência com todos os credores é premissa, a fim de que haja adesão para continuarem parceiros durante a condução da consultoria, com a qual serão negociados os valores das dívidas e pagos em prazo condizente (nota dos autores).

10. Ao final dos trabalhos da consultoria, a transformação resultou em:

CPV	42%
Custo financeiro	4%
Imposto	26%
Custo fixo	24%
Lucro operacional	4%

Reflexões a partir dessa experiência

1. Se ingressarmos na Rodovia Anchieta em direção à Baixada Santista, e se esse for nosso destino final, estaremos no sentido e na direção certos. Porém, analogamente, notamos que o empresário, quando pretende ir para o Rio de Janeiro, partindo da capital paulista, insiste, de repente, em pegar a Rodovia Regis Bitencourt... Mas não chegará aonde deseja, por não estar no caminho e na direção corretos.

2. Há o empresário que almeja e pensa agir em função do lucro, mas age na contramão da coerência e sabota seus propósitos mais sérios.

3. O trabalho de transformação somente se perpetuará nas organizações se, e tão somente se, o empresário vislumbrar o propósito relevante da mudança de seu modelo mental.

4. Com o passar do tempo, o empresário que agiu com humildade agradece aos agentes da transformação, que lhe sugeriram os novos hábitos, a vitória alcançada sobre si mesmo.

A IDENTIDADE CORPORATIVA

A propaganda institucional de uma empresa tem como objetivo criar uma imagem positiva da instituição. Ela tem por intuito informar seu público-alvo sobre as qualidades da empresa e propicia estabelecer uma relação de intimidade e confiança, a começar pelos colaboradores até o consumidor final. O institucional apresenta o sonho entremeado com as cores, os símbolos, a marca e outros elementos da organização. Por outro lado, a sua cultura é revelada quando se convive com as diversas áreas da empresa, conhecendo seus colaboradores, seus paradigmas, seus símbolos de poder e sua história.

Sobre o DNA de uma organização, a autora Ligia Fascioni[14] diz:

> *Em se tratando de identidade corporativa, não pode haver margem para dúvidas. A empresa deve ter muito claro o que ela é ou não é, o que ela quer e o que não quer ser. Analogamente a um profissional que oferece seus serviços ao mercado, a empresa precisa ter a sua personalidade bem definida. Suas ações devem ser, de certa forma, previsíveis e esperadas. Seu profissionalismo e competência, indiscutíveis. Esse caráter deve ser tangível a todas as pessoas envolvidas na atividade da empresa: sócios, administradores, funcionários, fornecedores, parceiros, investidores, órgãos regulamentadores, clientes e a comunidade afetada pela sua atuação.*

---

[14]FASCIONI, Ligia. *DNA empresarial* – identidade corporativa como referência estratégica. São Paulo: Integrare, 2010.

Quando fazemos a leitura de uma organização, confrontamos sua imagem com a sua identidade. Analisamos o que foi definido como seu diferencial competitivo. Em muitas situações, constatamos uma incongruência: a empresa quer apresentar o que ela não é e deseja mostrar a parceiros, fornecedores e clientes o que internamente não está definido, não está claro. Alguns colaboradores são os primeiros a, ironicamente, dizer que "a empresa não é verdadeira e seus produtos não são tudo aquilo". Se isso ocorre, é provável que sua essência tenha sido alterada e conturbada com o passar do tempo, dando margem a entender que o conceito de fidelização de clientes tenha se deteriorado ou nunca existido.

Essa empresa pode ter sobrevivido até o momento apenas por praticar preços muito baixos, sem que o conceito de qualidade fosse compreendido propriamente por seus colaboradores. E qualidade não é inerente a um produto, mas aos processos. Seguramente, a empresa não vende valor aos seus clientes. Para o declínio iminente, essas podem ser algumas das razões.

Esse contexto não é casual; deriva do modelo mental e do comportamento de cunho imediatista do empreendedor e de seus subordinados. O ambiente organizacional foi contaminado pelo pensamento dos que dirigem o negócio. Obviamente, há contribuições excepcionais, responsáveis pelo sucesso circunstancial, sob o talento inegável de alguns. Entretanto, em meio às atitudes vencedoras, podem ser detectadas sutis crenças altamente prejudiciais. O consciente determina vencer, enquanto o inconsciente – muito mais expressivo – dissolve as possibilidades aparentes de sucesso.

O olhar do gestor deve voltar-se para:

1. Verificar quais e quão profundas são as raízes das crenças nocivas dos líderes e determinar o plano para "removê-las", como se faz com as plantas daninhas de um potencial jardim, para o posterior plantio de sementes de crenças promissoras;

2. Avaliar minuciosamente as oportunidades para a realização de intervenções na área de Treinamento e Desenvolvimento, visando à quebra de velhos paradigmas que dificultam a evolução do pensamento de mudança;
3. Promover a revisão profunda dos custos fixos e variáveis e das despesas administrativas;
4. As áreas de Produção e Suprimentos e Logística, na revisão dos processos contábeis e fiscais, para maximizar os resultados.

No livro *Alquimia pessoal*[15], George Patrão e Vinícius Guarnieri abordam o mecanismo das crenças que devem ser neutralizadas, removidas do subconsciente onde são armazenadas. São aquelas crenças prejudiciais, que obstruem o caminho para as realizações. Já que não é tão simples, quanto parece ser, dormir com certas "verdades" e acordar com outras renovadas, os autores propõem um método para a mudança, o G2K. Com relação ao líder de uma organização, salientamos que muitas crenças nocivas compõem o seu interior, sem que ele perceba quanto vem prejudicando a si mesmo e à própria empresa. Diante dos desafios diários, as forças restritivas predominam, em oposição às forças propulsoras, aquelas positivas, capazes de impulsioná-lo no caminho determinado. Com a intensificação das forças restritivas, em meio a tantas adversidades na vida de uma empresa em dificuldades, principalmente financeiras, o quadro piora, e os líderes se deixam levar pela correnteza dos pensamentos destruidores.

---

[15]PATRÃO, G. e GUARNIERI, V. *Alquimia pessoal* – como vencer a autossabotagem e atingir a prosperidade total. São Paulo: DSOP, 2013. p. 62.

O método G2K, baseado no Diagrama de Forças do Dr. Kurt Lewin, consiste na identificação dessas forças restritivas e em sua neutralização pela ação das forças propulsoras, que impulsionam o ser humano a fim de que alcance seus objetivos. É um método simples e de cinco passos, que são:

1. **Defina o caminho:**
   Definir o caminho a ser seguido, ousar, mantendo o foco em ações essenciais com objetivos claros.
2. **Reduza a resistência**
   Identificar as forças restritivas, reduzindo as resistências. Repetir o processo de identificação das forças que podem sugerir o fracasso. Autoconfiança demasiada, sem análise das limitações, é perigoso. Questionar-se sistematicamente não traduz fragilidade, mas humildade necessária ao aprendizado constante.
3. **Reforce a permissão**
   Colaborar para que seja reforçada na mente do empresário e de seus líderes e colaboradores a permissão para a superação de todos os percalços.
4. **Avalie por emoções**
   Avaliar continuamente o processo por emoções, compreendendo as reações dos líderes e coibindo a recorrência de erros que os levariam, ou levaram, ao ponto de declínio.
5. **Estimule a criação e a atração**
   Estimular pensamentos e ações que harmonizam a necessária mudança de modelo mental em consonância com a prosperidade almejada.

Estão embutidas nessas etapas as principais ações para um processo de mudança pessoal em direção ao progresso. Empresas entram em crise por atitudes de pessoas que as lideram, e emoções são precursoras das atitudes. As emoções que nos guiam nem sempre são as melhores ou vêm na intensidade propícia. Um líder com baixo índice de inteligência emocional, com as emoções "à flor da pele", instaura o desequilíbrio a qualquer momento, ocasionando prejuízos incalculáveis ao negócio.

COMO DETECTAR A AUTOSSABOTAGEM?

As emoções se alternam no dia a dia do empresário, principalmente quando os sinais da crise já estão visíveis para ele, que se nega a enxergar que existe algum problema grave ou, ainda, imaginava ser possível resolvê-lo de uma hora para outra. A inexperiência diante do novo o assusta e ele sucumbe, às vezes, aos pensamentos de desânimo. Emoções nunca vividas causam nó na garganta, frio no estômago ou fazem brotar, inclusive, algumas lágrimas quando menos se espera. As "surpresas negativas" no dia a dia do empresário despreparado alimentam o fluxo de intensas emoções, mexem com o sistema nervoso, alteram seu humor e podem afetar a saúde, quando muito fortes ou repetitivas.

Reconhecemos ser um desafio extremo o de plantar novas ideias no solo arenoso do coração de quem resiste à mudança, arraigado aos modelos antigos e que, de repente, conclui que seu sucesso não teve consistência, não foi perene como imaginava que seria.

Mas o pior é passar a atribuir o "fracasso" ao sistema, ao mercado, ao concorrente, aos colaboradores incompetentes, enfim... Jamais a si mesmo, insistindo na tese equivocada de que o problema tem origem externa, quando é gerado internamente.

Os conceitos da física quântica, que foram subsídios para a criação da obra *Alquimia pessoal*, são a base da transformação pessoal, estimulando o empresário a criar outra realidade. A percepção de um quadro de autossabotagem demanda muita reflexão. Normalmente, os sinais da autossabotagem são ignorados. Diante da pergunta sobre nossos sonhos, planos, realizações ou intenções de mudanças, o olhar sem brilho é uma resposta involuntária. Na sequência, brota do inconsciente uma frase que demonstra a falta de crença naquilo que poderia acontecer para mudar tudo, para melhorar... A emoção que influencia a conversa, a partir de então, baseia-se em um tom de "vitimismo crônico", que sugere ao interlocutor acomodação diante dos desafios, aliada a certa desesperança de êxito. Quando a baixa autoestima impera, a tendência à autodepreciação toma vulto, desestabilizando o indivíduo e permitindo o medo sobrepor-se à coragem, à autoconfiança. Sutilmente, a insegurança se amplia. Desta forma, são destruídas, gradativamente, as bases da convicção em si mesmo, e o perfume do receio generalizado passa a ser exalado.

O empresário deseja emanar a confiança que não tem internamente; repete frases bonitas de motivação e sucesso, que nada mais são que clichês, porém não sentidas profundamente; ao contrário, passa a cultivar a certeza de que nada mais dará certo como gostaria. O próximo passo é abandonar os velhos sonhos e planos e não mais alimentar outros. Esse processo tem cheiro de autossabotagem. Aprofundar-se no processo de autoconhecimento é essencial. Não basta saber-se autossabotado; é preciso remover as barreiras colocadas entre o sonho e sua realização, entre a mente criadora e a obra a ser concretizada.

Reflita sobre os pontos a seguir, a fim de evitar cair no precipício da autossabotagem:

1. Projetos novos não trarão, necessariamente, os resultados financeiros que você almeja, principalmente se os classifica como "tábua de salvação".
2. A autossabotagem impede a percepção. Armadilhas podem estar disfarçadas de oportunidades.
3. Você não é o único detentor de soluções, simplesmente por conhecer bem o seu negócio. Provavelmente, já desprezou soluções mais cabíveis que as suas.
4. Nem todos que se aproximam de você são seus inimigos ou querem seu dinheiro.
5. Há quem lhe fale a verdade sem intenção nenhuma de humilhar, mas por respeitar sua essência.
6. Negar o problema é a forma mais fácil de se autossabotar.
7. Busque a condução de um profissional e inicie um processo de autoconhecimento. Faça uma análise pregressa de sua vida. Talvez constate quanto já sabotou os próprios sonhos. Isso estaria acontecendo novamente?

CAPÍTULO QUATRO

CONSCIÊNCIA **TRANSFORMADORA**

SINAIS DO DECLÍNIO

"Elimine a causa e o efeito cessa."
Miguel de Cervantes

O AR CONTAMINADO

Fomos indicados para determinada empresária que solicitou, insistentemente, nossa intervenção em sua empresa. Em uma primeira análise, sentimos que ela e o marido, que era seu sócio havia 32 anos neste negócio – isso sem contar o tempo de casados –, talvez não estivessem preparados emocionalmente para se submeterem ao longo processo de recuperação. Ela, interessada e persistente; o sócio, claramente apegado ao seu método de trabalho, sem o interesse de abrir mão do poder para um gestor que não conhecia.

A empresa atravessava o pior momento de sua existência. Havia mais de cinco anos que conviviam com as dificuldades financeiras advindas de erros recorrentes. A administração falha não lhes permitia saber o lucro da operação, ou melhor, o prejuízo. Ela era responsável pela direção do departamento comercial, prospectando negócios; ele, por compras e pelo administrativo. Seu braço direito era Alfredo, um jovem que havia 16 anos fazia parte do quadro de funcionários, sensivelmente mais preparado para detectar que havia muito passara a hora de buscar ajuda especializada. Ele tinha noção dos erros cometidos pelo empresário, porém respeitava suas ordens e pouco podia fazer para mudar o contexto.

Em nossa visita, ao colhermos as informações para a avaliação inicial do negócio, constatamos que 55% da receita que vinham de um único cliente – uma concessionária que administra restaurantes dentro de grandes empresas – causavam 25,5% de prejuízo ao mês havia muitos anos. Ou seja, milhões de dívidas que tinham com os fornecedores, com impostos e com bancos eram em consequência direta à operação com esse cliente de grande porte que os sufocava e os "matava" aos poucos. Os recursos que deveriam ser destinados ao pagamento de taxas, tributos e impostos estaduais e federais pagavam parte dos fornecedores.

Chamavam de DSV (desconto sobre a venda) o que não percebiam ser o "veneno" que os vinha matando aos poucos. Aceitaram essa imposição do cliente e nunca questionaram. Dos 100% vendidos, 21% eram descontados arbitrariamente por esse maior cliente, que, no fundo, pagava apenas por 79% do valor da mercadoria que recebia. Era uma forma de exigir de seu fornecedor o que não conseguiria de seu cliente, já que, para garantir seu preço baixo no mercado, não cobrava o que deveria.

Como faltava a eles, diariamente, o capital de giro, os sócios se sujeitavam à antecipação feita pelo próprio cliente, sob uma taxa de 4,5%. De cara, uma negociação com 25,5% de prejuízo, que se estendia havia tanto tempo.

Outro cliente, igualmente uma concessionária de alimentos, mas de proporção menor, com 10% do faturamento total, também os prejudicava, aplicando o mesmo conceito de DSV.

Havia nesse contexto uma gestão conduzida pelo apavoramento constante, pelo medo de não pagar as contas – que os sócios não vinham pagando. Inclusive, eles não sabiam o que era lucro líquido. Utilizavam o dinheiro que entrava em seu caixa diariamente para pagar contas de juros dos capitais de giro que haviam tomado. O buraco só aumentava. O empresário alimentava a crença de que, se aumentasse o faturamento, conseguiria pagar tudo e ser feliz! Não via, com os olhos de ver, que seu modelo mental favorecia seu desequilíbrio constante, perigoso e arruinador. No entanto, mesmo nós mostrando aos sócios que era imprescindível cortar os vínculos com os clientes que apenas lhes causavam prejuízos, refutavam encerrar seus contratos de fornecimento. Obviamente, não havia como aumentar os preços a ponto de compensar o DSV que era imposto a eles. Tinham medo de interromper essas relações comerciais. Sem saber quantificar o prejuízo, o faturamento diário era o "oxigênio" do qual o empresário se valia para respirar. Mal sabia que era um ar contaminado, e que a morte era certa e iminente.

Ao assumirmos o comando da operação da empresa, cancelamos o contrato com os clientes que causavam os prejuízos enormes. Com isso, a queda de faturamento foi de 65%. Estancada esta veia que permitia a sangria descontrolada, tínhamos então o desafio de gerar o lucro na operação, com os 35% da receita provenientes dos clientes que restaram. Seria muito melhor faturar menos, com 10% de lucro, do que manter o faturamento em um patamar aparentemente satisfatório, com mais de 25% de prejuízo. Colocamos o trem nos trilhos negociando com todos os credores para que entendessem que não se pagam dívidas com aumento de receita, mas com geração de lucro.

Com a empresa em clima de paz e com serenidade nas decisões, segurança de bons negócios e foco para que o lucro líquido fosse mantido, a recuperação trouxe aos sócios uma nova perspectiva de vida.

Reflexões a partir desta experiência

1. Os credores, quando informados pela nova gestão, de maneira transparente, sobre o processo de transformação pelo qual a empresa passaria, abraçaram a causa e deram o voto de confiança para que o equilíbrio se estabelecesse, mantendo, assim, seu cliente.

2. Coragem é fator primordial para a determinação do corte de clientes, diminuindo-se a receita, a fim de evitar perdas financeiras ainda mais expressivas causadas por déficits financeiros oriundos de um contrato mal estabelecido.

3. Além de ser objeto do gestor do processo de transformação a apuração correta dos valores, nessa hora a gestão das competências das pessoas-chave é de fundamental importância, mantendo o clima organizacional favorável à transformação e neutralizando focos de contaminações de humores.

CONSCIÊNCIA **TRANSFORMADORA**

4. Paciência é atributo essencial do gestor de transformação para compreender as reações do empresário, sem se interpor inconvenientemente, gerando mal-estar e animosidade.

5. O gestor do projeto de transformação carece, diariamente, de boa dose de sabedoria para atuar sem se deixar contaminar pelo patógeno da autossabotagem, presente no perfil do empresário.

PRIMEIROS SINAIS

Agravam-se os sintomas de extrema dificuldade financeira evidenciados pelo fluxo de caixa estrangulado. Os sinais da extinção de crédito começam com o primeiro aviso de protesto, obviamente quando já foram interrompidos os pagamentos dos impostos recorrentes, o que determina, por parte dos órgãos oficiais, o envio de cobrança e o aviso proveniente de um cartório. Para os bancos, a luz vermelha se acende; para a empresa, diminui a possibilidade de descontar duplicatas, pela recusa das instituições com as quais vem operando; ela perde o acesso ao cheque especial e os limites para capital de giro, contas garantidas etc.

Com as contas bancárias no vermelho, torna-se impossível o pagamento das parcelas de capitais de giro tomados. Os telefones tocam em demasia: não são ligações de clientes, mas de credores diversos, em especial dos gerentes de bancos oferecendo a oportunidade de repactuar as dívidas ou na esperança de conseguirem do empresário, sob forte pressão emocional, a certeza de que buscará caminhos para saldá-las em curtíssimo prazo, o que não ocorrerá. Na sequência, em poucos meses, chegam as cartas enviadas por escritórios de cobrança. Como não surtem efeitos essas tentativas de cobranças "amigáveis", em curto prazo poderá ser ajuizada uma execução de cobrança, coincidindo com a visita de oficiais de justiça, bloqueio de contas correntes, poupanças, bloqueio de veículos em nome da empresa e dos avalistas, bem como de eventuais imóveis.

A realidade da qual o líder do negócio foge é clara: a fonte de dinheiro extra secou. A sensação é como a de uma "azia", um incômodo extremo. Resta ao empresário um sentimento de impotência, um grande mal-estar. Estudiosos das neurociências afirmam que uma atitude repetida várias vezes torna-se um hábito. De hábito a vício, a distância é curta. Gastar mais do que se ganha, sem controle, é pauta de discussão de núcleos que estudam a oniomania[16]. Com o sistema nervoso abalado, os sintomas vão de perda de sono à irritação, em conjunto com gastrites e outros indícios mais graves, resultando em saúde física comprometida. Um quadro de irreverência para com os sinais da extinção iminente de créditos. Ele teve os sinais e os desprezou. Iludiu-se com um repentino e expressivo aumento de receita, que não resolveria seus problemas, diga-se de passagem.

Algum amigo, ou parceiro de negócios, indica outras fontes, como um FIDC[17], por exemplo. No entanto, são exigidas garantias para que um FIDC fomente a operação. Via de regra, se há garantias, estão comprometidas em contratos anteriores efetivados com instituições bancárias. Os FIDCs não aceitarão, no lugar de garantias, apenas o aval do sócio. Podem atendê-lo no desconto de uma duplicata, no pré-faturamento de um pedido que será entregue no

---

[16] Oniomania é a doença que ataca o tipo de consumidor compulsivo. É caracterizada como um transtorno de personalidade e mental, classificado dentro dos transtornos do impulso. Para o consumidor compulsivo, o que o excita é o ato de comprar, não o objeto comprado. Essa pessoa "tem vontade de adquirir, mas não de ter", afirma o psicólogo Daniel Fuentes, coordenador do Ambulatório do Jogo Patológico (Amjo) do Instituto de Psiquiatria do Hospital das Clínicas. Fonte: LOPES, Laura. *Quando gastar torna-se uma obsessão*. Disponível em: <http://www.usp.br/espacoaberto/arquivo/2001/espaco07abr/editorias/comportamento.htm>. Acesso em: set. 2019.

CONSCIÊNCIA **TRANSFORMADORA**

dia seguinte... "Deu certo!". De repente, o empresário tenta outra vez. "Deu certo de novo!". Ele sente que é arriscado, mas acredita controlar. Entretanto, vai aumentando o prazo entre o pré-faturamento e a entrega. Desconta as pré-faturas com 15 dias, sem pensar em máquinas que, eventualmente, podem quebrar, nos colaboradores que pedem demissão, nas matérias-primas que não são entregues no tempo esperado etc. Enfim, quando cai em si, o sócio não deu conta de entregar a mercadoria, e os recursos foram consumidos. Isto para não falar das duplicatas "frias", emitidas contra clientes honestos. Uma atitude de estelionatário[18], que ele não era, até então.

Ao atingir o objetivo da obtenção de novo crédito, sem se importar com o risco assumido, tem suas dívidas consolidadas em um novo contrato de capital de giro. E, no encadeamento das operações que não foram honradas, surge essa nova operação – vista pelo empresário como excelente oportunidade –, com taxa expressiva, prazos mais alongados, condições que, apenas, o afastaram ainda mais do alívio esperado, desencadeando outra fase de derrocada de seus negócios mal geridos, ao vento de seu caráter imediatista. O caos teve início.

---

[17]Os fundos de investimento em direitos creditórios (FIDC), comumente conhecidos como fundos de recebíveis, foram criados pela Resolução 2.907/01 do Conselho Monetário Nacional (CMN) e regulamentados pelas Instruções 356/01 e 393/03 da Comissão de Valores Mobiliários (CVM). O FIDC concorre em diversas frentes como um instrumento atraente para investidores individuais, fundos, fundações e financeiras e/ou empresas que atualmente operam no mercado de desconto de recebíveis. Promove a desintermediação financeira ao vincular diretamente o tomador do crédito com o investidor em uma estrutura simples e isenta de tributos intermediários. No caso da empresa detentora dos recebíveis, esta vende ao fundo seus valores a receber sobre vendas comerciais ou de serviços, captando recursos para aumento de capital de giro a um custo bem menor do que os de empréstimos bancários, pela desintermediação e, ainda, pelo fato de que, muitas vezes, o rating dos fundos é melhor do que o da empresa.
[18]Código Penal, Decreto-Lei 2.848, de 7 de dezembro de 1940. Estelionato: atitude que o coloca na categoria de criminoso, não mais de empresário com deficiência em gestão. Esse tipo de atitude não corresponde à de empresários que almejam sucesso, mas, ao contrário, é nocivo ao sucesso dos outros e deles mesmos.

Como as portas foram cerradas para sua empresa, um primeiro consultor passa a ser a esperança de solução, e nele o empresário deposita a responsabilidade de resolver seus problemas, ignorando a lição de casa. Quando o consultor lhe diz que será necessário o corte imediato de custos, principalmente os pessoais, ele simplesmente alega que já fez todos os cortes possíveis. Demite-o na primeira oportunidade, justificando aos sócios que o profissional é incompetente e não resolverá as questões. Quer que sejam resolvidos os problemas sem a profunda e meticulosa avaliação dos custos da empresa, seus estoques, desperdícios, desvios e processos de controle.

O contexto incomoda ainda mais o empresário de cidades pequenas, no interior dos estados brasileiros, onde sua história de "sucesso" foi marcada apenas pela aquisição de bens e nem sempre pela gestão equilibrada de seus negócios. O que ele ostenta compõe os símbolos de poder na sua localidade. Obviamente, diante dessa sociedade em questão, o empresário ter de abrir mão de seus bens, repentinamente, é sinal de fraqueza, de perda de poder, e a notícia da sua fragilidade corre rápido pela região e abrange a todos, indiscriminadamente. O nome "sujo" é o menor dos problemas a ser enfrentado, considerando que a situação desencadeará visitas de oficiais de justiça, ações de execução, penhora de equipamentos, de eventuais propriedades, automóveis e, posteriormente, leilões desses bens. No entanto, até certo ponto, predomina no empresário o apego a uma situação irreal, aquela que deseja mostrar aos familiares e à sociedade. A questão principal não reside em manter o nome "limpo", sem restrições nos órgãos de controle de crédito. Isso ele vem fazendo com o dinheiro alheio, proveniente de capitais de giro ou com os recursos que deveriam ser destinados ao pagamento dos credores que ainda não reclamaram judicialmente.

Reside, sim, no fato da necessidade de mudar seus hábitos, deixando o orgulho de lado e vivendo da forma que é possível, dentro de suas limitações, gastando menos do que ganha.

Quando a conta corrente da empresa se funde à sua, ou melhor, quando a empresa banca todas as suas "necessidades", mesmo com dinheiro que não lhe pertence, que não veio do lucro de seu negócio, ele esconde o rombo ou prefere não enxergar que o declínio é inevitável.

FORNECEDORES E OUTROS CREDORES QUE PODEM FAZER A EMPRESA PARAR

Começam a sentir a temperatura mais alta, a febre subir na empresa-cliente, com receio de súbita inadimplência. Até essa fase, tiveram muita dificuldade em receber seus créditos, considerando que as solicitações de aumento de prazos já vinham ocorrendo, tendo acumuladas duas, três ou quatro parcelas inadimplentes. O histórico de pagamentos em cartório desgasta uma relação comercial antiga e construída sob alicerces sólidos de plena confiança. Diante do estremecimento das relações amistosas que sempre teve com seus fornecedores, o empresário procura garantir-lhes que receberão os devidos valores, que essa é apenas uma fase passageira, igual às muitas que já enfrentou.

Internamente, os colaboradores registram a crise e a comentam, favorecendo que a insegurança se instale desde a produção ao administrativo. Alguns alimentam a ideia de escassez de soluções. O nervosismo se instaura, o mal-estar é geral. Outros, na vibração de otimismo exacerbado e inconsistente, omitem o receio e estimulam uma esperança vã de soluções rápidas e miraculosas. A organização – substantivo que vem de organismo, porque tem vida própria – está doente. Os sinais, agora, são de absoluta extinção do oxigênio que permitia à organização respirar, e não há mais o que fazer, a não ser agir em consonância com os princípios de uma gestão austera dos negócios, a fim de que a empresa sobreviva, que seus pulmões funcionem, potencializando as ações corretivas e evitando a morte. A única opção que lhe resta, e que o empresário se recusa a aceitar, é entregar a gestão de seu negócio a uma equipe com competência específica reconhecida e experiência para geri-lo, de maneira a valorizá-lo, respeitá-lo e animá-lo a ponto de renascer. Com os créditos negados, sedento de soluções, tende a buscar a água boa em fontes próximas, onde alguma vez matou a sede em situações menos graves: a família. Os parentes vêm na sequência dos amigos que, à altura dos acontecimentos, se recusam a aceitar seus convites para uma "reunião de negócios", quando os convidaria para serem investidores em seu segmento, mais especificamente em sua empresa. Os amigos sentem que reuniões de negócios com ele consistem em um ensejo para pedir-lhes ajuda, dinheiro emprestado. Os parentes, em suposta condição de ajudá-lo, considerando seu modo de avaliar-lhes a situação econômico-financeira, recusam encontrá-lo para essa conversa da qual todos pressentem um "risco": perda de dinheiro em família.

O MILAGRE

Com o sistema nervoso abalado pelas más notícias, na sequência dos dias turbulentos, o empresário não vê luz no fim do túnel. A pergunta que se faz diariamente é "quem poderia me ajudar agora?". Via de regra, nessa condição, ouvirá um consultor experiente, aos "quarenta e cinco minutos do segundo tempo", que se propõe a atendê-lo, ciente da conveniência de sua fragilidade. Nesse momento, a prepotência se reduz, e a consciência da necessidade de transformação deve provocá-lo; caso contrário, a empresa corre sérios riscos de morrer. Em estado de alerta, ele clama por um especialista com a "varinha de condão" capaz de realizar o milagre tão desejado, o salvamento de sua "filha" – a empresa – em curtíssimo prazo. Alimenta o sonho, inclusive, desse consultor trazer em seu portfólio a fonte de fomento necessária para socorrê-lo, com custos abaixo daqueles do mercado; afinal, ele sempre teve sorte... Na última hora, sempre acontece "um milagre"!

Mais uma vez, se engana ou se esquiva de aproveitar o ensejo de acordar para a realidade.

E, quando cai em si, percebe que o oxigênio realmente está no fim. Mas há chance de sobrevivência? Como alterar o contexto? Seu comportamento já reflete os abalos do alicerce de sua autoconfiança e o desespero de não saber a saída. Seus colaboradores não o enxergam mais como o mesmo visionário de antes, e a irritação que dele brota reverbera em todos os departamentos da empresa. Suas atitudes descabidas, diante dos desafios que a linha de frente já havia previsto, são a prova de que todos careciam para crer na queda inevitável. A empresa passa a não entregar o que prometeu, por não ter utilizado corretamente os recursos para a devida compra de matérias-primas.

"A folha de pagamento corre sérios riscos... Talvez não tenhamos como honrá-la no dia certo, a partir deste mês. Meu crédito se extinguiu, não há mais para onde correr. Preciso da ajuda de um gestor que enxergue a luz que não vejo", comenta o empresário.

O DECLÍNIO

Em seu livro, Agostinho Dalla Valle[19] cita um estudo realizado pela Deloitte Touch Tohmatsu (2005) sobre os impactos da Lei de Recuperação Judicial e Falências[20], com executivos de grandes empresas brasileiras. Na pesquisa, 184 profissionais explanaram sua visão sobre os principais fatores que podem conduzir uma empresa ao declínio. Aborda a pesquisa que o declínio faz parte do ciclo de vida dos negócios. De certa forma, essa constatação desmistifica o declínio, como salienta Dalla Valle, favorecendo a fase da recuperação. Por outro lado, proporciona um clima de complacência, quando as ações preventivas são escassas.

Principais elementos que conduziram as empresas à fase do declínio

Elementos desencadeadores do declínio	Porcentagem de empresas que assinalaram o item
Alto endividamento da empresa	92%
Margens de lucro declinantes	89%
Aumento do custo financeiro	84%
Surgimento de novas tecnologias	83%
Concorrência desleal por preço	81%
Mudança no comportamento de compra dos atuais clientes	81%
Escassez ou aumento no custo dos insumos	81%
Falta de financiamento à operação	80%
Políticas governamentais	80%
Entrada de novos concorrentes no mercado	80%
Mudança na regulamentação	77%
Novos produtos ou serviços oferecidos pelos concorrentes	77%
Redução do *market-share*	77%

Fonte: DALLA VALLE, Agostinho. *Turnaround* – virando o jogo: da crise para a recuperação.

---

[19]DALLA VALLE, Agostinho. *Turnaround*: virando o jogo – da crise para a recuperação. Porto Alegre: Sulina, 2010. p. 102-103.
[20]Lei 11.101, de 9 de fevereiro de 2005: regula a recuperação judicial, a extrajudicial e a falência do empresário e da sociedade empresária.

Os executivos entrevistados apontaram que a necessidade de recuperação tem origem, principalmente, em problemas financeiros, como:

- alto endividamento;
- aumento dos custos financeiros;
- queda das margens de lucro.

Nesses casos, esse pensamento reforça a tese de que as causas são, via de regra, externas, sendo os maiores responsáveis os bancos, os fornecedores, o governo e os concorrentes. Os executivos não identificaram como principais causas do declínio razões internas, como:

- falhas na gestão de pessoas e recursos;
- baixa produtividade;
- gastos acima do que a geração de caixa do negócio permite.

Há a tendência de apontar como origem dos problemas fatores externos, evitando-se atribuir aos fatores mais próximos – internos – as causas do declínio. Nossa vivência, acumulada em contextos de diversas empresas atravessando situações de crise, dirigidas por líderes com perfis muito distintos, sugere crermos que os principais causadores do declínio dessas organizações têm mesmo origem nos fatores internos. Identificamos uma cadência de ações conturbadoras, desencadeadas por crenças e raciocínios infundados e prejudiciais, como:

- conflitos de interesse entre os líderes do negócio;
- atitudes de embotamento dos potenciais individuais e coletivos, ao afetarem o ambiente com o nervosismo aterrorizador;
- inibição das ideias criativas que poderiam aflorar de colaboradores realmente interessados em resolver problemas;

- disseminação generalizada da descrença, causando prejuízos em termos de qualidade e produtividade;
- decisões impróprias, derivadas da falta de conhecimento de estratégias de gestão de negócios, impactando diretamente nos resultados, tornando o quadro mais grave.

Acrescentamos parte do que apontou Sérgio Pinheiro[21] quanto aos *sintomas financeiros* de declínio das empresas: ocorrem, inicialmente, nas quedas de retorno e de geração de caixa do ativo e, posteriormente, no crescimento e no custo do passivo. Alguns dos principais indicadores financeiros mencionados nesta pesquisa foram:

- atrasos nos pagamentos, em especial no não recolhimento de impostos;
- redução de margens;
- rápida erosão dos lucros ou aceleração do prejuízo;
- menor geração de caixa operacional;
- descontrole de custos;
- perda da capacidade de investimento;
- variações anormais nas vendas – queda ou crescimento;
- crescimento acelerado das dívidas financeiras e da relação Dívida/EBITDA.

---

[21]Consultor que participou da pesquisa conduzida por Marcelo Monteiro Perez, em sua tese de pós-graduação pela Faculdade de Economia, Administração e Contabilidade da USP, intitulada "Uma contribuição ao estudo do processo de recuperação de empresas em dificuldades financeiras no Brasil".

VALOR DO NEGÓCIO X TEMPO

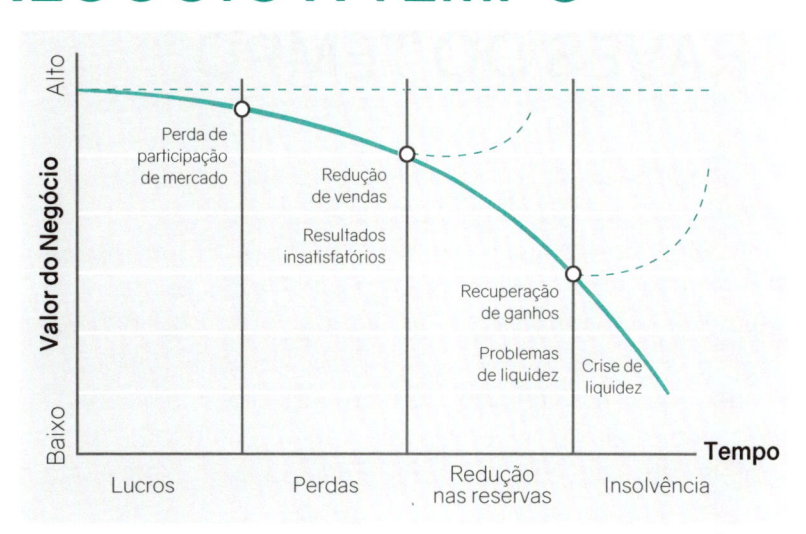

Valor do Negócio (Alto → Baixo) vs **Tempo**

- Lucros: Perda de participação de mercado
- Perdas: Redução de vendas / Resultados insatisfatórios
- Redução nas reservas: Recuperação de ganhos / Problemas de liquidez
- Insolvência: Crise de liquidez

➡ **QUANDO É TARDE DEMAIS PARA INTERVIR?**

O PROCESSO DE DETERIORAÇÃO ATRAVÉS DO TEMPO[22]

Com o passar do tempo, a empresa em crise sofre perda de valores materiais, financeiros, de capital humano e, também, de valores morais e de credibilidade. Quão antes ocorrer a intervenção, melhor será. O fato é que, na maioria dos casos, o empresário custa a reconhecer o momento de pedir ajuda. É como se a doença avançasse livre de qualquer ação que a detivesse, sem qualquer resistência do organismo atingido. Como no estágio final de um câncer, quando as medidas preventivas não cabem e já não trazem qualquer efeito positivo, sendo tarde demais. Quando se inicia o sutil declínio de uma organização, seus sócios ainda resistem a pedir ajuda externa. E, como é comum, o pensamento a respeito do aumento repentino de faturamento prevalece: "Se eu faturar o dobro, resolvo o problema!".

O excesso de otimismo, misturado à falta de conhecimento, é extremamente perigoso. Além do mais, o aumento de receita, simplesmente, em nada vai colaborar se permanecer o *mindset* (modelo mental) que levou a gestão ao desequilíbrio. A crise demanda ações imediatas para a recuperação da saúde da organização.

Atenção para os seguintes pensamentos e comportamentos:

---

[22] Adaptado por Marcelo Perez, do II Fórum Internacional de Renovação de Empresas (2004).

CONSCIÊNCIA **TRANSFORMADORA**

1. "Trabalho porque gosto, o lucro é consequência!". Lucro líquido não é consequência de elaborado conceito matemático, mas um objetivo a ser atingido diariamente, fruto de trabalho inteligente de gestão de pessoas comprometidas.
2. Custos incompatíveis, roubando as margens de lucratividade da empresa e o descaso com os gastos em geral (investimentos, despesas, custos ou perdas, desvios etc.).
3. Investimentos sem estudos de mercado e da concorrência, sem conhecimento adequado das condições do "pulmão" da empresa e em momentos inapropriados.
4. Investimentos com capital de curto prazo, os mais caros.
5. Investimentos com capital de giro próprio que descapitalizam a empresa, que vinha saudável até aquele ponto, tornando-a vulnerável de um momento para outro, apenas no afã de crescimento, sem a cautela necessária.
6. Implementação de vários novos "projetos" simultaneamente, induzindo os líderes a se descuidarem: perda de foco dos negócios que sustentaram a empresa desde o início.
7. Delegação sem diretrizes, planejamento ou follow-up.
8. Negócio nas mãos de líderes acomodados e que não se atualizaram, que desconhecem novas tecnologias e métodos de trabalho mais produtivos.
9. Falta de expertise (por isso o desprezo) em análises das origens dos erros.
10. Tendência de o líder priorizar suas opiniões, com ausência absoluta de autocrítica (sinais do narcisismo obstruidor da audição).
11. Empresa cabide: parentes e amigos em cargos estratégicos, sem capacitação comprovada, desestimulando os verdadeiros talentos internos que assistem à sucessão de decisões equivocadas.

CAPÍTULO CINCO

CONSCIÊNCIA **TRANSFORMADORA**

COACHING E AUTOTRANSFORMAÇÃO

Nossa homenagem à *master coach* Sandra Raphael

> "Coaching é liberar o potencial de uma pessoa para que ela maximize a própria performance.
> É mais ajudá-la a aprender do que ensiná-la."
>
> *Timothy Gallwey*

O QUE UM *COACH* PODERIA FAZER NESTA HORA?

A recomendação foi dada a Juliano, que prometeu pensar a respeito. Definitivamente, um processo de *coaching* soava-lhe como terapia tradicional, e ele não se interessava pelo mergulho em si mesmo.

A seu ver, aqueles eram dias de turbulência apenas financeira em sua empresa e não havia razões para que abrisse seu coração para um terapeuta. Apesar das referências sobre o *master coach* indicado, não via necessidade de gastar seu precioso tempo e seu dinheiro com esse processo que nada acrescentaria. Sua experiência como empresário não poderia ser questionada por quem, principalmente, não era, para ele, referência alguma de grande realizador de negócios. O que poderia um *coach* fazer nesta hora? As dívidas contraídas por sua empresa eram pertinentes. Afinal, acreditava que empresário que não ousa não cresce.

Paralelamente, doía-lhe o fato de ter de entregar sua organização nas mãos de consultores que os fundos de investimento em direitos creditórios (FIDCs) lhe impunham. No entanto, se ele se opusesse, não conseguiria manter a empresa girando semanalmente, fazendo o caixa para a compra de matéria-prima. Os fundos poderiam parar os negócios da organização. Para Juliano, tudo era somente uma questão de tempo. Em breve, conseguiria pagar os fundos, liquidando suas pendências. Sentia-se ridicularizado pelos gestores que vieram para a dita "recuperação". Por outro lado, considerava-se no direito de, como empresário de sucesso, omitir algumas informações confidenciais, como as que dizem respeito à utilização de parte dos recursos antecipados pelos fundos para custear contas pessoais. Ao descobrirem, os gestores o questionaram abertamente, em reunião com o comitê de administração estabelecido para a recuperação, do qual era membro. Alterou os ânimos, substancialmente, afirmando ser o dono da empresa e que faria o que fez a qualquer tempo, já que suas contas pessoais não poderiam ser postergadas. Desse dia em diante, desequilibrava-se em todas as reuniões, demonstrando a não aceitação quanto às diretrizes dos novos gestores, que não poupavam esforços em lhe expor. Julgava-se fiscalizado e criticado. Sua mudança de modelo mental fazia-se necessária. Todos estavam de acordo que a resistência de Juliano era uma enorme barreira para o processo de recuperação da empresa. Um líder resistente à mudança tem o poder de contaminar pessoas que esperam dele o primeiro exemplo de transformação.

De maneira a se harmonizar com aqueles que comandavam sua organização, e até mesmo por que a curiosidade foi aguçada pela proposta, aceitou ter uma conversa com o profissional sugerido, o *master coach*. Quem sabe o processo o ajudasse a visualizar possibilidades de mudanças internas que a todos favoreceriam. No fundo, sabia que poderia melhorar. No primeiro encontro, sentiu empatia com o profissional. Seu objetivo era claro: a recuperação de sua empresa em tempo recorde. Determinou associar a esse objetivo uma meta ousada, a do autodesenvolvimento. Aquele "parteiro da luz", com perguntas abertas, fez Juliano tangenciar assuntos adormecidos em seu foro íntimo. Conflitos não resolvidos vinham causando grande impacto em seu desempenho. Decidiu enfrentá-los, reconstruindo-se. Abraçou a chance de fazê-lo, ao se sentir estimulado pelo *coach*.

Uma palavra poderia definir seus sentimentos naquela semana: maturidade. Estimulado por constatar que, de repente, havia substituído o receio de abrir o coração a um desconhecido pelo sentimento de acolhimento e apoio para buscar novos horizontes, aguardava o próximo encontro. Fervilhavam em sua mente algumas ideias. Perguntas novas poderiam lhe sugerir caminhos para as conquistas que desenhava em sua mente. Durante o período em que se submeteu à intervenção, Juliano sentiu que havia mudado, ligeiramente, e que transferia para si mesmo a responsabilidade de alguns insucessos que, sob sutil autossabotagem, atribuía a terceiros.

O sucesso de uma organização depende de algumas variáveis, entre elas a consciência da distância entre o que se menciona (valores pronunciados) e o que se faz (valores praticados).

Atitudes transformadoras aproximam esses valores, tornando a organização fiel aos descritos em sua proposta de qualidade e fidelização de clientes.

Reflexões a partir desta experiência

1. Importante se desapegar de velhos paradigmas para que se adquira maior capacidade de percepção do contexto e das melhorias possíveis.
2. A ampliação da consciência depende do ato voluntário de querer aprender.
3. A cultura organizacional se beneficia e tende a se ampliar e se inovar positivamente, quando o líder demonstra disposição para eliminar a própria resistência à mudança.

MODELOS MENTAIS

São mecanismos do pensamento por meio dos quais um ser humano tenta explicar como funciona o mundo real. É um tipo de símbolo interno ou de representação da realidade externa, hipotética, que tem papel importante na cognição.

Antes de prosseguirmos a abordagem sobre os modelos mentais, cabe fazer uma referência sobre cognição. A palavra *cognitione* tem origem nos escritos de Platão e Aristóteles. É o conjunto dos processos mentais usados no pensamento, na classificação, no reconhecimento e na compreensão para o julgamento através do raciocínio, para o aprendizado de determinados sistemas e soluções de problemas. É a forma como o cérebro percebe, aprende, relembra e atua sobre as informações absorvidas pelo sistema sensorial: tato, visão, olfato, audição e paladar. De maneira mais ampla, a cognição consiste em um mecanismo de transmutação do que foi absorvido pelo cérebro e que será introjetado em nosso modo de ser. A cognição, portanto, é um processo de conhecimento, que tem como material a informação do meio em que vivemos e o que já está registrado na nossa memória. Com base nesse conjunto de fatores, são construídos nossos modelos mentais.

Acredita-se que a expressão "modelos mentais" tenha sido cunhada por Kenneth Craik e apresentada em seu livro intitulado *The nature of explanation*, publicado em 1943. Segundo Craik[23], a mente constrói modelos, cria referências e as utiliza para se antecipar a eventos, bem como embasar explicações. Vivências são registradas e armazenadas e serão referências em situações semelhantes às vividas anteriormente.

---

[23]Apud Johnson-Laird, 1998, p. 1; Schwamb, 1990, p. 4.

Utilizaremos aqui uma explanação feita por Donald A. Norman, da Universidade da Califórnia (San Diego, EUA), para sugerir o estudo mais aprofundado, oportunamente, sobre modelos mentais. Norman conclui:

"A função desse tópico é trabalhar o óbvio; as visões das pessoas sobre o mundo, delas mesmas, de suas próprias capacidades e das tarefas que são solicitadas a realizar ou assuntos que elas devem aprender. Tudo isso depende muito das concepções que elas trazem. Na interação com o ambiente, com as outras pessoas e com os artefatos tecnológicos, as pessoas formam internamente modelos mentais delas mesmas e das coisas com as quais interagem. Esses modelos possuem um "poder" de explicação e de previsão para o entendimento dessas relações. Essas afirmações precisam ser expressadas, pois são consistentes com aquilo que temos aprendido sobre os processos cognitivos e que, neste livro, representam o mais importante tema. Entretanto, não há mal em repetir ou estender esse assunto, porque o escopo de implicações dessa visão é muito maior do que se pode imaginar."

Nossas observações sobre uma variedade de tarefas, com grande variedade de pessoas, levaram-me a algumas generalizações sobre os modelos mentais:

1. *Os modelos mentais são incompletos.*
2. *As habilidades das pessoas em rodar seus modelos são muito limitadas.*
3. *Os modelos mentais são instáveis: as pessoas esquecem detalhes dos sistemas que elas estão usando, especialmente quando esses detalhes (ou esse sistema) não são usados por certo tempo.*
4. *Os modelos mentais não possuem limites rígidos: dispositivos e operações similares ocasionam confusão.*
5. *Os modelos mentais não são científicos: as pessoas mantêm comportamentos supersticiosos, mesmo sabendo que es-*

tes não são necessários, isto porque esses comportamentos custam pouco em esforço físico e evitam o esforço mental.

6. *Modelos mentais são parcimoniosos: frequentemente as pessoas preferem fazer operações físicas extras ao invés de planejamentos mentais para evitar essas ações; elas estão dispostas a realizar um esforço físico extra, em troca de um modelo mental menos complexo. Isso é especialmente verdade onde ações extras proporcionam regras simplificadas para serem aplicadas em uma variedade de dispositivos, minimizando, assim, chances de confusões.*

"Quando as pessoas atribuem suas ações à superstição, elas parecem estar fazendo afirmações diretas sobre as limitações em seus próprios modelos mentais. Essas afirmações implicam em incertezas no mecanismo, mas experiência com as ações e consequências. Assim, nesse contexto, comportamentos supersticiosos indicam que a pessoa, ao encontrar dificuldades, acredita que uma sequência particular de ações reduzirá ou eliminará essa dificuldade."

Outro autor[24] salienta que "a habilidade de um indivíduo em explicar e prever fenômenos que acontecem à sua volta evolui à medida que ele adquire modelos mentais mais sofisticados dos domínios envolvidos. Tais modelos evoluem com o desenvolvimento psicológico e com a instrução, num processo conhecido como mudança conceitual".

Como o empresário, de maneira prática, poderia ampliar seus modelos mentais e não se render aos viciosos mecanismos que o conduzem ao declínio?

Novamente, através do mergulho interior, em busca do autoconhecimento e a fim de comprovar e compreender se há repetições de atitudes fruto de baixo grau de percepção da realidade.

---

[24] Borges (1997, p. 8).

Frases como "Quero que seja feito do meu jeito", ditas sem que se disponha a conhecer qual a proposta do outro, revelam modelo mental com pouca flexibilidade para melhorias.

CAMINHO PARA A AUTOTRANSFORMAÇÃO

Quando nos referimos à necessidade de mudança de modelo mental, queremos que se observe o universo de possibilidades de atitudes diante de cada situação desafiadora e se amplie a percepção do sistema, desconstruindo-se o que foi construído, em uma ação separatória daquilo que foi cristalizado mentalmente. O processo de *coaching* executivo e empresarial é uma ferramenta eficaz para esse fim. Nas empresas em crise, onde a falta de recursos ocasionada pelas ingerências ameaça o futuro do negócio e os ânimos se alteram facilmente, em decorrência da insegurança, a comunicação é comprometida.

Ressalta-se o conflito de interesses, fruto da competição entre os egos de líderes que se desviam do propósito da organização, em razão de suas vaidades, e interferem diretamente na produtividade e na qualidade de vida das equipes.

Esses são cenários que exigem ações que se coadunem com o propósito de desenvolvimento de lideranças e gestão de talentos. Os números positivos não se fazem automaticamente. Êxito empresarial demanda ações inteligentes de pessoas que interpretem os movimentos da empresa, internos e externos, como:

1. preservar o equilíbrio emocional;
2. focar as atividades essenciais do negócio;
3. gerir talentos.

CONSCIÊNCIA **TRANSFORMADORA**

Nos anos 1960, surgiu como proposta inclinada ao desenvolvimento pessoal no mundo corporativo. Como bem define a Federação Internacional de *Coaching*, trata-se de: "Uma parceria continuada que estimula e apoia o cliente a produzir resultados gratificantes em sua vida pessoal e profissional. Através do processo de *coaching*, o cliente expande e aprofunda sua capacidade de aprender, aperfeiçoa seu desempenho e eleva sua qualidade de vida".

Entende-se como um processo interativo de desenvolvimento profissional que tem como objetivo melhorar a performance de um indivíduo no contexto empresarial. Seu objetivo é apoiar os indivíduos para que se tornem mais fortes e produtivos, potencializando o desempenho dos colaboradores.

Como cita a Dra. Rosa Krausz[25], o *coaching* enfatiza o poder transformador do uso do potencial humano e da aprendizagem contínua e se apoia nos seguintes pressupostos básicos:

1. as pessoas sabem mais do que imaginam;
2. as pessoas possuem recursos, que nem sempre usam, para elevar sua performance;
3. perguntas adequadas, estimulantes e objetivas valem mais que ordens e controles;
4. todo erro representa uma oportunidade de aprendizagem;
5. metas desafiantes e viáveis estimulam as pessoas a darem o melhor de si;
6. querer é poder;
7. as pessoas são capazes de mudar, se assim o desejarem.

---

[25]KRAUSZ, Rosa. Conceitos de coaching. Associação Brasileira de Coaching Executivo e Empresarial – www.abracem.org.br.

O *coaching* aborda diversos aspectos, como definição de metas, realizações, visão e missão pessoal e da organização, descoberta pessoal e realização do potencial. Oferece ao *coachee* (aquele que passa pelo processo) subsídio para ter a clareza de que precisa quanto às metas que deseja estabelecer durante o processo, como se fortalecer ou se recompor, a fim de atingir objetivos pessoais exequíveis. É possível ao profissional se reestruturar, incrementando a produtividade e, consequentemente, agregando valor à organização. O *coaching* transforma. Ao ser capaz de enfrentar melhor as situações de estresse e de incentivar e administrar mudanças de maneira efetiva, o *coachee* busca, de maneira consciente, a plenitude de seu potencial de atuação.

Quais são as razões para alguém se valer do processo de coaching? Pessoas que responderam ao levantamento[26] citaram as seguintes razões como as mais comuns:

1. necessidade de dialogar com alguém em quem pode confiar;
2. dificuldade/dúvidas na tomada de decisão;
3. insatisfação com o próprio desempenho;
4. desejo de ampliar suas competências;
5. sensação de estresse e sobrecarga;
6. recebimento de feedback honesto e confiável;
7. recebimento de sugestão da chefia imediata e/ou da área de RH;
8. transferência/promoção e desejo de rever sua maneira de agir;

---

[26] Profissionais de *coaching* com formação pela Abracem. Levantamento realizado por profissionais de coaching e complementado pela experiência da Dra. Rosa Krausz.

9. alguns dos colaboradores pediram demissão;
10. dificuldade em lidar com conflitos;
11. a equipe não está correspondendo às expectativas;
12. dificuldade de relacionamento com os pares;
13. desejo de desenvolver a capacidade de dizer "não";
14. aumento de responsabilidade e a sensação de não estar "dando conta do recado";
15. necessidade de desenvolver a equipe e preparar sucessores.

A INTERVENÇÃO COMO SUPORTE PARA MUDANÇA DOS MODELOS MENTAIS DESTRUTIVOS

O processo de *coaching*[27] constitui-se valioso aliado durante todo o curso do processo de transformação de uma empresa. Entendemos essa intervenção como ferramenta diferenciada para a estruturação do novo modelo mental que deverá permear a estrutura organizacional – desde os empresários até os diversos níveis hierárquicos da gestão.

---

[27]Nos processos de transformação de empresas conduzidos pelo Instituto de Transformação de Empresas do Brasil (ITEM), designamos um profissional para a condução dos trabalhos de coaching, em função da adequação dos propósitos e das metas dos empresários e de seus líderes. À medida que o trabalho se desenvolve, esse profissional abarca também outros níveis, quer seja pela aplicação do processo individual, quer seja pelo team coaching.

O *coach* atua como o agente inspirador dos protagonistas. Costumamos dizer que o gestor da recuperação atua de maneira interruptiva, "destruindo" ou rompendo modelos mentais nocivos, paradigmas e comportamentos que levaram a empresa à situação de "morte iminente". O coach atua para que os personagens atinjam suas metas de reconstrução do ambiente corporativo, desenvolvendo uma cultura de cooperação, entendimento do momento da empresa e dos fatores críticos de sucesso que devem ser analisados, entendidos e absorvidos pelos colaboradores.

Em uma das empresas que atuamos recentemente, verificamos uma adesão extraordinária ao processo, principalmente pelos colaboradores do "chão de fábrica", em aplicação individual e adequada à sua linguagem, de maneira a atender ao perfil de cada um. Os resultados foram surpreendentes e comprovados:

1. maior coesão das equipes;
2. melhoria generalizada do relacionamento interpessoal;
3. incremento na comunicação entre o Planejamento e Controle da Produção (PCP) e as áreas adjuntas;
4. sensibilização e inclusão dos colaboradores dos níveis mais baixos.

Contudo, um dos sócios-fundadores da organização apresentou maior resistência e atitude de notável sabotagem do processo, embora, inicialmente, tenha se mostrado adepto. Esse comportamento é verificado com alguma frequência. O empresário, naturalmente, institui seu estilo de gestão e liderança na condução do negócio e resiste à mudança. Desenvolve mecanismos de autossabotagem capazes de minar seus propósitos de melhoria, permanecendo na "zona de conforto".

Em outra organização, pertencente ao segmento do varejo, o processo de *coaching* mostrou-se eficaz para a renovação da equipe comercial e a estruturação de um sólido serviço de atendimento ao cliente.

CONSCIÊNCIA **TRANSFORMADORA**

O processo de executivo foi conduzido, e os gerentes nele inseridos adotaram postura de pleno comprometimento, demonstrando seriedade com os propósitos do processo e no empenho das metas previamente estabelecidas, o que lhes propiciou atingi-las.

Portanto, cabem ao líder e empreendedor de um negócio:

1. concentrar esforços no exercício do autoconhecimento para explorar melhor o universo dos relacionamentos, que é a base dos negócios;
2. explorar seus talentos da melhor maneira, evitando desperdício de tempo e energia;
3. em uma visão mais holística[28], potencializar suas habilidades e virtudes em favor do bem comum. O líder, que atingiu o patamar de autoconhecimento que lhe permite saber seu potencial e seus limites, saberá estimular uma equipe a atingir os mais ousados resultados.

---

[28] A palavra "holística" foi criada a partir do termo holos, que em grego significa "todo" ou "inteiro". O holismo é um conceito criado por Jan Christiaan Smuts, em 1926, que o descreveu como a "tendência da natureza de usar a evolução criativa para formar um 'todo' que é maior do que a soma das suas partes".

VISÃO QUANTO AO ENQUADRAMENTO DAS NECESSIDADES DE *COACHING*

Quando investir em Coaching	O indivíduo	A organização
Desenvolvimento Pessoal/ Crescimento	- Busca progressão na carreira - Busca o autodescobrimento para a definição de caminhos - Visa à motivação para definir e atingir metas pessoais	- Ampliar market share - Expansão para outros mercados - Crescimento interno
Mudança	- Avaliar possibilidades de mudança na carreira - Gerir a mudança realizada na carreira - Interpretar mudanças ocorridas no contexto da carreira ou no âmbito pessoal	- Visão/missão/estratégia - Reestruturação de quadros - Setor de atuação
Atualização	- Necessidade de fortalecimento das bases para a autogestão - Aquisição e reciclagem de conhecimentos - Reciclagem interior - pelo exercício renovado de autoconhecimento	- Consolidação de conhecimentos através do mergulho nas experiências empresariais - Aquisição de conhecimento - Reciclagem de conhecimentos

Fonte: Celeste Brito[29], adaptação de Vinícius Guarnieri

---

[29]Celeste Brito é consultora e facilitadora, sediada em Lisboa, Portugal. Diretora da International Association of Facilitators (IAF) para a região Europe and Middle East (EME).

CAPÍTULO SEIS

CONSCIÊNCIA **TRANSFORMADORA**

A LIDERANÇA FACILITATIVA

Por Celeste Brito[30]

"Facilitação tem a sua origem no latim 'facilis' (tornar fácil) e a sua raiz etimológica atribui ação ao ato de tornar fácil.""

In: Dicionário Infopédia da Língua Portuguesa

A facilitação está relacionada ao desenho e à aplicação de um processo que ajuda um grupo de pessoas a encontrar uma solução de forma colaborativa e generativa. A facilitação cria espaços e oportunidades de diálogo para que a inteligência do grupo possa emergir e encontrar respostas que orientem à ação.

O NOVO PARADIGMA DA LIDERANÇA

Liderança facilitativa é um paradigma emergente da liderança em contexto corporativo, institucional ou até governamental. Constitui uma abordagem estruturante no equilíbrio entre um modelo de governação claro (seja ele qual for) e a colaboração efetiva entre todos os acionistas, independentemente do seu papel, para criar e implementar estratégias que garantam a sustentabilidade do negócio ao longo do tempo.

Como consultores de recuperação de empresas, nossa experiência nos diz que os modelos de liderança tradicional não garantem o sucesso no mundo atual. As soluções imediatas adotadas pelos líderes de empresas em situação de risco evidenciam a criação de dependências com parceiros externos cujo impacto se torna derradeiro para sua sobrevivência. De fato, manter o foco somente nos números, na informação e na racionalidade não permite às or-

---

[30]Celeste Brito é consultora e facilitadora internacional, com vasta experiência em processos de transformação organizacional, desenvolvimento de executivos e de equipas de alto desempenho. É a Directora Regional de Europa e Médio Oriente da International Association of Facilitators, desde Janeiro de 2019, e é membro do Colaboratório MindTime. É professora convidada da Universidade Autónoma e da Porto Business School. É parceira para projetos de consultoria e desenvolvimento organizacional do Centre for Creative Leadership, em Bruxelas, da Fundação Manuel Violante (Mckinsey), em Lisboa, e do ITEM, em São Paulo.

ganizações (re)agir rapidamente aos desafios, tornando-se reféns de soluções de aspecto meramente financeiro, que têm provado serem ineficazes. Nesse ambiente, as organizações tornam-se menos intuitivas, menos criativas, menos espontâneas, rígidas e sem mecanismos que lhes permita (re)agir. Como diz um colega do ITEM, "enquanto que nos modelos de liderança tradicional os 'grandes comiam os pequenos', no novo paradigma de liderança, 'os rápidos comem os lentos'".

A substituição dos líderes é outra das (re)ações à falta de resultados das organizações. Mas o que a realidade nos diz é que mais de 50% dos executivos recrutados no exterior falham nos 18 meses seguintes[31]. As estatísticas de contratação revelam que mais de 80% das contratações feitas para funções executivas não têm o conjunto de competências adequado, nem o conhecimento essencial, para desempenhar suas funções. Mais dados existem, mas encurtando a história: a rotatividade de líderes e de gestores limita a produtividade e põe em risco o bem-estar das organizações. Como resultado, práticas sustentadas de liderança são exigidas, porque protegem as organizações de se tornarem dependentes de uma gestão com práticas limitadas no tempo e na sua eficácia.

CONVIVIALIDADE COM A HIERARQUIA?

Fala-se tanto em reduzir ou até em eliminar hierarquias que muitas organizações estão tendo problemas evidentes e até estranguladores de sua atividade, por optarem por processos de tomada de decisão (somente) consensuais. Culturalmente, tornam-se permissivas e pouco asserti-

---

[31]*Harvard Business Review Education*

vas, perdendo a direção e canibalizando egoisticamente os recursos que suportariam seus processos. Isso mata a criatividade e a produtividade.

A liderança facilitativa convive sem pudor com as estruturas hierárquicas, independentemente da sua forma e estrutura. A hierarquia convive saudavelmente e prospera com a liderança facilitativa, podendo parecer um contrassenso; e prospera porque as hierarquias preexistentes deixam de ser rígidas, abdicando naturalmente do poder e do controle. Conforme a competência de liderança se desenvolve, para além das hierarquias estabelecidas no poder posicional, uma nova forma de hierarquia emerge de maneira orgânica e responsável, nutrindo soluções criativas e vantajosas. Papel e posição deixam de distribuir poder, cedendo lugar à competência e à influência; influência que descrevemos nesse contexto como o impacto que o líder tem nos comportamentos, nas opiniões e nas ações dos outros ao longo do tempo e de acordo com os valores da organização.

APRENDIZAGEM E LIDERANÇA FACILITATIVA

A liderança facilitativa tem, na sua agenda, um enfoque na inovação e na produtividade, fomentando a transformação individual e coletiva em seres mais adaptativos e responsáveis. É o que Ronald Heifez, fundador e professor do Center for Public Leadership, chama de "mudanças adaptativas".

Estudos e pesquisas realizados nas últimas décadas sobre o desenvolvimento profissional de adultos e sobre a capacidade de resiliência perante responsabilidades e desafios de liderança complexos evidenciam que é no auge do seu desenvolvimento que os indivíduos descobrem e disponibilizam suas melhores capacidades e competências[32] – seu âmbito de influência aumenta, bem como o que podem fazer nesse contexto.

Rigorosos e constantes treinos e aprendizagem contribuem para a construção de perspectivas mais amplas e completas para a colaboração efetiva, para a execução precisa e exemplar, para a otimização das energias das pessoas e para ações corajosas que incentivam a criatividade e o ótimo desempenho. É no contexto do mundo VUCA[33] que a liderança facilitativa emerge e prospera, ao considerar as múltiplas dimensões do sucesso da equipe e da organização. A colaboração efetiva requer que todos os parceiros envolvidos, incluindo o líder, se transformem e se adaptem de acordo com os desafios, as aprendizagens e os conhecimentos adquiridos.

A COLABORAÇÃO EFETIVA

O modelo de liderança facilitativa considera que a colaboração é o exponencial máximo do seu exercício. Uma cultura de colaboração nas organizações tem impactos positivos:

- no aumento da qualidade das decisões e dos resultados;
- no aumento do compromisso individual e de equipe;
- na maior rapidez na implementação das ações;

---

[32] As lideranças adaptativas, em seus núcleos, compreendem que criar uma visão clara do futuro, experimentar rapidamente, encontrar novas medidas de triunfo e envolver clientes são componentes-chave do sucesso." – Jim Highsmith, consultor executivo na ThoughtWorks e autor de vários livros sobre liderança e agilidade.
[33] VUCA é um acrônimo criado pela Academia Militar dos EUA, no final dos anos 1990, que descreve a natureza dinâmica da realidade em que vivemos como volátil, incerta, complexa e ambígua.

- na melhoria das relações de trabalho, entre todos os parceiros envolvidos;
- no aumento da aprendizagem individual e da capacitação organizacional;
- na maior satisfação pessoal e de equipe.

Todos esses são importantes para sustentar a colaboração:
- na perspectiva do desempenho de tarefas, a colaboração é desejável, pois os resultados que produz são de maior qualidade;
- na perspectiva do processo, a colaboração é ainda mais desejável, pois aumenta o compromisso com os resultados, a qualidade das relações e a satisfação pessoal.

Chamamos os líderes que exercem liderança facilitativa, normalmente, líderes facilitativos, pois devem focar sua energia em "tornar fácil" a sustentabilidade do seu negócio como princípio do seu sucesso, não um fim a atingir. Os líderes tradicionais estão orientados a conquistar e manter sua credibilidade com os acionistas através do alcance de resultados financeiros, por isso focam a atenção, quase exclusivamente, no sucesso do seu atingimento.

Mas no ITEM achamos que essa é uma atenção redutora e até perigosa – a desatenção à forma como o trabalho é realizado e à qualidade das relações pode minar a capacidade da organização em produzir resultados de forma sustentada ao longo do tempo. Os líderes facilitativos orientam sua liderança para três dimensões: **R**esultados, **P**rocesso e **R**elações:

- **R – Resultados** – cumprimento das atividades ou atingimento dos objetivos.
- **P – Processo** – como o trabalho é feito, como é gerido e monitorizado.
- **R – Relações** – qualidade das relações dos colaboradores com os outros, sejam colegas, clientes, fornecedores e outros parceiros, fundamentada na colaboração efetiva e no nível de confiança, no respeito que cada um demonstra, individualmente ou em equipe.

As dimensões RPR são interdependentes. Por exemplo, as dimensões "Processo e Relação" informam sobre o que se pode esperar de resultados. Ou seja, quão sustentáveis serão os resultados se os processos ou as relações forem fracas? Pessoas que não confiam umas nas outras e não têm claro como devem colaborar não podem ter a ambição de conseguir resultados excelentes de forma consistente ao longo do tempo. E, se as pessoas não têm como claros os objetivos a atingir ou não estão de acordo sobre o que têm que conseguir, provavelmente adotam diferentes abordagens e processos; consequentemente, surgirão conflitos que rompem a confiança e o respeito mútuos (ver **figura 1** na página 96).

Nas intervenções de recuperação que temos liderado, verificamos que as organizações só se tornam capazes de recuperar seu potencial e sustentar um desempenho excelente se, e quando, seu líder estiver capacitado para ir além das suas necessidades e enfocar sua ação naquelas que são as necessidades dos seus *stakeholders*. Um dos maiores vieses que existem quando falamos em liderança facilitativa ou do líder facilitativo é de que esse novo paradigma de liderança está associado a um juízo de valor de complacência, brandura ou fraqueza, ou seja, sem poder ou vontade para exigir (mais) resultados. Nós, no ITEM, advogamos o contrário. O líder facilitativo é aquele que evidencia disciplina e perseverança, ao mesmo tempo que inteligência emocional e agilidade mental.

OS MITOS DA LIDERANÇA FACILITATIVA

Vários são os mitos sobre liderança facilitativa que temos desafiado nas nossas intervenções em empresas, nacionais ou internacionais:

Mito 1 – O líder facilitativo não é demasiado exigente

A verdade é que o líder facilitativo compreende a importância de uma cultura organizacional, promotora do bem-estar dos colaboradores, pois só assim estes podem contribuir com seu máximo potencial e alcançar resultados excelentes! Adicionalmente, promove a aprendizagem contínua, sua e dos seus colaboradores, e fomenta altos níveis de responsabilidade. Está sempre preparado para ter conversas difíceis, com a única intenção de promover o crescimento de seus colaboradores.

Mito 2 – O líder facilitativo só se preocupa com a cultura organizacional e não se preocupa suficientemente com os resultados

Um dos comentários mais recorrentes sobre esse novo paradigma de liderança é que seu foco é mais no impacto social, em detrimento da rentabilidade (ou lucro imediato). Isso é tão errado! De fato, o líder facilitativo quer desenvolver a organização de forma a responder às necessidades dos seus clientes, reter e atrair os melhores talentos e ter uma reputação positiva perante os demais acionistas. Só assim ele pode almejar fazer a diferença e contribuir para um bem maior.

Mito 3 – A liderança facilitativa é para os mais seniores

Todos os colaboradores, em qualquer nível funcional ou hierárquico, podem ser líderes facilitativos na sua esfera de controle; só assim é possível criar um ambiente em que todos os colaboradores cuidem do negócio, independentemente da sua especificidade e grandiosidade. Todos são importantes!

Mito 4 – A liderança facilitativa é só sobre como lideramos os outros

Sem dúvida, a liderança facilitativa tem muito a ver com a forma como outros são liderados! Mas ela tem ainda mais a ver com a forma como o líder lidera a si próprio – estando presente, sendo genuíno e honesto, disponibilizando-se a escutar e a integrar as opiniões dos outros nas suas decisões e as diferentes perspectivas e necessidades dos sócios e acionistas.

A LIDERANÇA FACILITATIVA NO ITEM

No ITEM, privilegiamos uma intervenção facilitadora na gestão de transformação de empresas que vai além da típica e tradicional abordagem consultiva. Essa intervenção facilitadora pretende, por um lado, responder ao desafio da organização em que trabalhamos e, mais importante ainda, nos manter próximos da gestão e do líder da organização, capacitando-o no seu processo de transformação e aprendizagem como líder facilitativo de sua própria empresa. Essa intervenção facilitadora é intencional e assertiva:

1. Na apresentação do nosso ponto de vista, suscitamos e sustentamos conversas corajosas sobre a situação real da organização.
2. No envolvimento e na participação substantiva dos processos de tomada de decisão.
3. Na modelação e na implementação de processos que visam à recuperação do negócio e sua sustentabilidade ao longo do tempo.

A liderança facilitativa é uma filosofia de liderança sistêmica, alicerçada nos valores e princípios orientadores da abordagem da facilitação – agilizar e potenciar a eficácia de um grupo ou equipe, através da melhoria de processos, em como as pessoas colaboram, suas estruturas e o que sustenta a colaboração ao longo do tempo.

O líder facilitativo presta contas pelas suas ações e destaca seus erros como oportunidades de melhoria para si e para os outros. Como os atletas olímpicos, o líder facilitativo trabalha arduamente para conseguir um nível excepcional de maestria pessoal. Adotar e praticar a liderança facilitativa é a melhor forma de criar e sustentar uma cultura organizacional e atingir o sucesso.

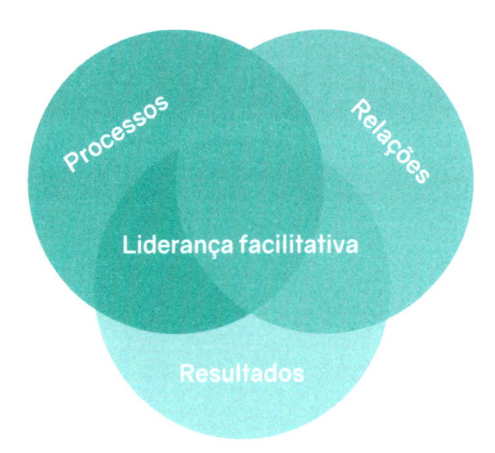

Figura 1: Modelo RPR aplicado à liderança facilitativa

PRINCÍPIOS DE LIDERANÇA FACILITATIVA

A liderança facilitativa valoriza a forma como os resultados são alcançados para além dos resultados em si mesmo. Ao longo do tempo, a sustentabilidade do negócio vai muito além dos resultados a curto prazo, da maximização do valor do acionista e da resposta garantida aos credores.

Nesse novo paradigma da liderança, ter sucesso significa estar disponível para integrar uma abordagem de negócio fundamentada nos princípios da liderança facilitativa e em uma cultura de colaboração, aprendizagem e inovação em que a atualização e o desenvolvimento pessoal são uma constante:

1. Inspirar para a visão – guiar para resultados grandiosos.
2. Focar nos resultados, no processo e nas relações (RPR) – saber que é importante atingir os objetivos – resultados –, ao mesmo tempo que garantir a forma como as coisas são feitas – processos – e como as pessoas se relacionam no dia a dia – relações.
3. Fomentar o envolvimento de todos – ao envolver quem deve ser incluído no processo de decisão, desenvolve-se a confiança, aumentam-se a comunicação e o compromisso para a ação, e a decisão é informada.
4. Guiar para a ação – proporcionar um ambiente em que a resolução de problemas e o atingimento de objetivos sejam iterativos[34], colaborativos e responsáveis.

---

[34] Iterativo: diz-se do processo que se repete diversas vezes para se chegar a um resultado e a cada vez gera um resultado parcial, que será usado na vez seguinte. Feito de novo; repetido.

5. Facilitar conversas[35] – fomentar um ambiente para a colaboração e a participação, em que a diversidade de opiniões e o respeito pelas perspectivas individuais contribuam para decisões e resultados de qualidade.
6. Ser *coach* (treinar o desempenho) – encorajar o pensamento para além do óbvio, incentivar à experimentação e ao risco e ultrapassar barreiras ou constrangimentos para a ação.
7. Celebrar sucessos – celebrar sucessos e reconhecer contribuições individuais ou de equipe são ações que fomentam a vivência de uma cultura colaborativa.

COMO ESTÁ A SUA LIDERANÇA, TENDO COMO REFERÊNCIA ESSES SETE PRINCÍPIOS?

---

[35]Facilitar conversas – um dos principios ativos da profissão da facilitação (www.iaf-world.org).

CAPÍTULO SETE

CONSCIÊNCIA **TRANSFORMADORA**

A METODOLOGIA TRANSFORMADORA

"As organizações só aprendem através de indivíduos que aprendem."

Peter Senge

NÃO SE FAZ UMA OMELETE SEM QUEBRAR OS OVOS

Atendemos uma família de empresários do interior paulista. Tinham o controle de várias atividades e valiam-se, também, de créditos agrícolas, com juros subsidiados para o plantio, a produção e a colheita.

Contudo, de nada resolvia esse crédito, que era semestralmente renovado havia anos em nome de seus filhos e outros, já que era vazado pelo enorme "bueiro" das despesas abusivas, sempre acima das receitas. Assim, seus negócios eram deficitários, e os custos financeiros, já acumulados em muitos anos, eram impagáveis, e não havia mais geração de caixa.

Tivemos um fator a mais para dificultar nosso trabalho: a vaidade. Afinal, os empresários se preocupavam por estarem em uma cidade do interior, onde o gerente do banco é cunhado do dono do restaurante, primo do dono da padaria e amigo de infância do dono do bar. Vencer a vergonha era um grande desafio para eles. Jamais consideravam perder a imagem que tinham, de poderosos. Seus valores mais íntimos estavam muito mais relacionados à reputação do que ao próprio caráter.

Como fazer uma omelete sem quebrar os ovos?

Em todas as manhãs, um dos sócios nos procurava para contar seus pesadelos. Os credores, pessoas conhecidas de sua família, iam até a empresa para fazer cobranças, e isso o incomodava. A cidade inteira falava de suas imensas dívidas e dos atrasos dos pagamentos. Sentia-se humilhado.

CONSCIÊNCIA TRANSFORMADORA

Em quatorze meses de trabalho, quitamos todo seu passivo com os fornecedores. Foram demitidos 40% do quadro de colaboradores, e todos os processos internos foram, praticamente, redesenhados. Por fim, a dívida bancária sofreu redução de 50%, sendo necessário vender algumas propriedades para quitá-las e, definitivamente, cauterizar a ferida com a qual a família convivia havia muitos anos.

Atualmente, após a superação, a família vem dilapidando o patrimônio construído pelo patriarca, e, certamente, os netos desfrutarão de pouco ou de quase nada do que foi acumulado pelo avô.

Salvar uma empresa da morte iminente, sem que seus proprietários reconheçam a necessidade da mudança de atitudes que os levaram ao declínio, resolve temporariamente o problema.

A infecção pode retornar, e o mal, ser ainda maior...

Reflexões a partir desta experiência

1. O gestor de transformação, embora reconhecendo a dificuldade da mudança de modelo mental dos sócios, deve interceder com firmeza, a fim de que estes sintam e entendam a necessidade dessa mudança. Caso contrário, a recuperação não ocorrerá em sua amplitude, e a degradação do patrimônio virá na sequência.

2. Não há patrimônio, por maior que seja, que não se perca na "areia movediça" da inconsequência de atitudes imediatistas e interesseiras de sócios que herdaram fortunas e não sabem gerir empresas, que gastam mais do que ganham.

O DESAFIO DA SOBREVIVÊNCIA

Uma empresa surge do sonho de um ou mais empreendedores. Em uma fase inicial, de descoberta das características do negócio, em que aos poucos se conhece a realidade de seus concorrentes, suas limitações e as vantagens competitivas salientes, o líder empenha-se, convicto de seu sucesso. Porém, o primeiro grande desafio de uma empresa quando nasce é sobreviver. O clima é de luta para vencer as primeiras barreiras e ameaças, a fim de firmar-se incontestável. Em uma comparação superficial, se apenas 14% dos adultos chegam a concluir um curso superior no Brasil[36], 23,4% das empresas morreram até o segundo ano de existência, de acordo com o que publicou, em 2016, o Núcleo de Estudos e Pesquisas do Serviço Brasileiro de Apoio às Micro e Pequenas Empresas (Sebrae), em um estudo sobre a "Sobrevivência das empresas no Brasil". Constatou-se que a taxa de sobrevivência das empresas com até dois anos de atividade foi de 76,6%, para as que foram constituídas em 2012. São incontáveis as razões de morte de empresas no Brasil nos primeiros anos de vida. Algumas delas são:

1. falta de conhecimento dos empreendedores;
2. dificuldades naturais no âmbito burocrático;
3. sobrecarga tributária que carrega desde o começo da trajetória empresarial;
4. concorrência acirrada, impactando no preço dos produtos e serviços.

---

[36]*Education at a glance* – Organização para Cooperação e Desenvolvimento Econômico (OCDE). Os dados são de 2014.

Ultrapassado o limite da sobrevivência, acumulam-se outros desafios, questões não menos comprometedoras que afetam diretamente os resultados, como a gestão dos colaboradores. Ao longo do tempo, alguns não entregam o que prometeram, à medida que o negócio exige mais, por serem, inclusive, vítimas da autossabotagem. Nos tempos atuais, segundo alguns estudos, a vida útil de um profissional que ocupa posição de comando e liderança tem girado em torno de dois a três anos. Esgotam-se mais rapidamente as razões para que um líder permaneça no cargo se não apresentar resultados exponenciais. Em uma empresa familiar, é comum os colaboradores permanecerem na mesma posição durante muitos anos, sem a preocupação com a evolução do aprendizado necessário ao seu desenvolvimento intelectual e profissional. Permanecem, por muito tempo, sem fazer sequer um curso de mais de quatro horas de duração e não visualizam o prejuízo que advém para suas vidas por permanecerem na inércia. Por outro lado, a empresa é afetada em seu desenvolvimento pela comodidade desses colaboradores. Essa displicência tem alto ônus. Aqueles que permanecem na área de conforto, que se acomodam e refutam desafios para o próprio crescimento, são os que inviabilizam as inovações. Se a empresa não se inovar, perderá participação de mercado. O contexto piora quando o líder se deixa levar pela correnteza das ações imediatistas e da desordem financeira.

QUEM VIRÁ PARA NOS SALVAR?

"Ao persistirem os sintomas, o médico deverá ser consultado" é a recomendação feita por especialistas na área da saúde. Quando os sintomas da desordem financeira afloram em uma empresa, o aval de um amigo ou de um profissional conceituado tem peso considerável na indicação da equipe ou do profissional que vem para restaurar a saúde da organização. A consultoria é o médico que chega para salvar o negócio. E o que deveria pautar essa escolha por parte do empresário em perigo? Alguns fatores devem ser observados para a determinação da consultoria ou do consultor adequado, como:

1. senioridade profissional;
2. experiência comprovada;
3. metodologia clara;
4. acesso e credibilidade a agentes fomentadores de negócios;
5. modelo de remuneração de honorários plausível;
6. relacionamento com assessoria jurídica específica e especializada, assessoria contábil e assessoria de perito técnico;
7. experiência em gestão de pessoas.

Há profissionais das mais diversas áreas, entre administradores de empresas, engenheiros, economistas, consultores e outros, que participaram ou conduziram algum processo de recuperação, tornando seu portfólio mais abrangente, ao incluírem no currículo determinado caso de sucesso. Todavia, salientamos que a vivência comprovada, e não simplesmente acadêmica ou restrita a alguns cursos, amplia substancialmente o grau de acertos, diminuindo os riscos de mais perdas para o empresário. Como não se trata de um processo simples, resultará em desperdício de tempo, energia e dinheiro se no meio do caminho o empresário constatar que o consultor escolhido não está devidamente capacitado a tomar as decisões cabíveis, nos instantes precisos, em comunhão com parceiros comprometidos com o processo. Vale a pena considerar:

1. Contatar proprietários de empresas que passaram pelo processo de recuperação indicados pelo consultor em questão.

2. Quão seguros se sentiram esses empresários de que seguiriam com a consultoria recomendada até o final do projeto (sem mais terem de se submeter a outra análise, de outra consultoria).

3. A mudança de modelo mental do empresário durante o processo. Nesse depoimento, devem-se constatar elementos que demonstrem a consolidação da vivência e do aprendizado.

A expressão "cada caso é um caso" é bem aplicada à transformação de empresas, pois não há uma situação igual à outra. Há, sim, barreiras similares a serem transpostas, questões idênticas a serem sanadas, demandando expertise para que a intensidade e o momento da intervenção sejam precisos em cada caso. Durante o processo, o menor descuido pode resultar em perdas muito significativas, piorando a situação.

EM QUANTO TEMPO TEREI A EMPRESA RECUPERADA? QUANTO CUSTARÁ?

O custo desse trabalho e o tempo que ele demandará preocupam quem busca pelo socorro. No caso da condução do processo por consultores especializados, o tempo que uma empresa levará para novamente se tornar saudável dependerá da boa vontade do empresário em não interferir na nova gestão e de se transformar, verdadeiramente, no empreendedor portador de novos e saudáveis conceitos e hábitos.

A complexidade de uma cirurgia e seus recursos são fatores de balizamento do valor a ser cobrado pelas equipes médicas. Analogamente, quando é feita a avaliação da complexidade do quadro empresarial, são estabelecidos os parâmetros da remuneração da equipe gestora. Obviamente, qualquer soma pode parecer alta, em um contexto de dívidas crescentes de uma empresa com administração desorientada e, consequentemente, com dívidas e perdas de recursos. É preciso que o empresário visualize que a experiência da equipe gestora garantirá o êxito necessário ao pagamento dos honorários. De maneira simplista, dizemos que o empresário em dificuldade não pode pagar o valor cobrado por uma equipe especializada. Quando acontece o pedido de ajuda, ele ainda não tem noção das alterações que ocorrerão em sua empresa e em sua vida pessoal, a fim de que sua empresa sobreviva e vença todas as barreiras, retomando o rumo e prosperando definitivamente. Nos casos de empresas com necessidade de recuperação, especificamente, os custos serão encaixados nos devidos patamares, o lucro surgirá, e as pendências com os credores serão negociadas.

PONTOS IMPORTANTES A SEREM CONSIDERADOS

O gestor do processo de transformação da empresa, independentemente de ser o próprio empresário ou um profissional de consultoria contratada, deverá assumir imediatamente as responsabilidades a seguir e determinar o plano de ação:

1. **Gestão do caixa**
   a) O que mudará em termos de procedimentos?
   b) Quais os critérios para a imediata redução de custos, despesas e perdas?

2. **Gestão do passivo com fornecedores e outros credore**
   a) Qual a prioridade?
   b) Como serão administrados os pagamentos?
   c) Qual será a estratégia para conter os credores mais nervosos e impacientes?

3. **Gestão de pessoas**
   a) Qual será o critério adotado para redução do quadro de colaboradores e terceiros?
   b) Definir o plano de comunicação interna das ações a serem implementadas e determinações das novas diretrizes para cada departamento.
   c) Estabelecer as premissas entre a consultoria e os líderes do negócio, considerando as regras a serem respeitadas.
   d) Avaliação (DISC) e desenvolvimento dos líderes essenciais para a preservação do negócio.

4. **Gestão comercial**
   a) Revisão e determinação dos parâmetros comerciais (custos, formação de preços etc.), visando ao lucro.

LIVRE-ARBÍTRIO: O REGULADOR DA MUDANÇA

Inicialmente, precisamos distinguir o gestor do processo de transformação da empresa do líder do negócio ou empreendedor. Ao nos referirmos ao gestor, falamos daquele que comanda o processo com a cooperação da equipe contratada, como o médico responsável faz em uma cirurgia. Já os líderes do negócio são sócios e a cúpula de executivos estratégicos.

Mudanças em uma organização configuram-se como pontos críticos da atualidade. Em razão de a velocidade da informação ter ultrapassado a barreira do som e beirado a da luz, a característica que marca o momento presente da humanidade é de desafios que exigem do homem *competências perenes*[37], como flexibilidade, relacionamento interpessoal, autoconhecimento, sensibilidade, conectividade, comprometimento e liderança, além do conhecimento, que é uma competência transitória. Conhecimento torna-se obsoleto, é preciso ser renovado com o passar do tempo. As tecnologias evoluem, as técnicas se alteram. As competências perenes, todavia, como o adjetivo as caracteriza, não se perdem. Quando adquiridas, são para sempre. Saber "surfar na onda das mudanças", adequando-se às exigências de um mundo corporativo em constantes mutações, fará toda a diferença para o empreendedor. Se os desafios contemporâneos exigem que nos transformemos, é evidente que a melhor opção é desfrutar dos benefícios em vez de resistir. Mudanças só acontecem em duas situações: quando as desejamos ou quando nos

---

[37] A definição de competências perenes e competências transitórias são da Dra. Rosa Krausz.

são impostas. A propósito, se a resistência à mudança for uma característica marcante sua, caro leitor, rever seus conceitos o mais rápido possível poderá transformar sua vida e a de sua empresa.

Qualquer mudança, por menor que seja, ocorre, primeiro, no âmbito intrapessoal – dentro de nós –, para, depois, projetar-se e consolidar-se no interpessoal – no relacionamento com os outros. Como sabemos, na maioria das empresas admitem-se profissionais pelo currículo, dispensando-os por comportamento. Isso é prova de que o exercício da convivência sempre foi, e continuará sendo, o fator mais desafiador. Fazer parte de uma linha de produção não significa mais, simplesmente, realizar uma tarefa sem visão sistêmica e limitar-se ao espaço da máquina com a qual opera. Consiste na responsabilidade de zelar por todo o processo, com foco no antes e no depois, ou seja, percebendo além do espaço físico e visando ao melhor resultado da equipe, interagindo e preocupando-se com a reputação que o trabalho de todos adquire. O mesmo ocorre nos níveis mais altos da organização. Líderes devem ter a consciência da repercussão de seus exemplos, desde que são observados dentro e fora da empresa.

O livre-arbítrio – liberdade de escolha pessoal e intransferível do ser humano – é o fator principal de desenvolvimento ou de estagnação. Se não houver a consciência da necessidade da mudança, e se não a quisermos, nada ocorrerá. A consciência para as melhores ações em favor do ambiente em que vivemos, de maneira geral, agrega valor aos produtos e serviços da organização e tem a capacidade de gerar confiança nos clientes, fidelizando-os. Os clientes percebem essa consciência.

A MISSÃO DO GESTOR DE TRANSFORMAÇÃO DE EMPRESAS

Ao assumir a responsabilidade de "colocar uma empresa nos trilhos", o gestor terá de rever conceitos, tanto para a elaboração de um novo orçamento com base no corte de custos como para a análise meticulosa dos talentos que permanecerão na organização. Muitos preferirão ser desligados, por se sentirem desmotivados a enfrentar o turbilhão de problemas. Libertos das dificuldades que julgam não suportar, seguirão em busca de novas oportunidades. Os que ficam para abraçar a causa demonstram ter anticorpos e se propõem a dar sua melhor contribuição. São esses os que se sentem efetivamente motivados, em condições emocionais e psicológicas de enfrentar o caos – a "hemodiálise empresarial" –, para que o sucesso seja atingido, com sangue novo e um novo olhar para o negócio.

É papel do gestor:

1. Reconhecer o desafio de detectar as oscilações emocionais na organização e interceder para a manutenção do nível de dedicação e comprometimento.
2. Ser firme no processo, independentemente da metodologia utilizada.

Não seria exagero se fizéssemos uma analogia dessa fase pela qual a empresa passa com uma guerra propriamente dita. Assemelha-se a um conflito, conforme cita em seu trabalho Marcelo Monteiro Perez[38], ao descrever o que chama de unidade de comando de um processo de *turnaround*. Ele determina a quebra de paradigmas, buscando a readequação da estrutura empresarial.

CONSCIÊNCIA **TRANSFORMADORA**

Quando credores e acionistas sentem a habilidade e competência de quem está na direção do processo, "reconhecem a sua legitimidade para implementar as medidas necessárias", salienta Perez. A atuação do profissional comprometido com a transformação de empresas será tanto eficaz (resultados) quanto eficiente for a sua metodologia (processos). É fundamental que ele tenha a habilidade de ler a organização. O gestor que observar além dos conteúdos técnicos de todos os colaboradores evitará desvios de energia e de recursos. Planilhas não fazem o trabalho de pessoas; computadores e seus sistemas são, simplesmente, ferramentas. Líderes devem, constantemente, aprimorar a sensibilidade, que abre as "comportas da mente", para perceberem além do que têm percebido, verem além do que têm visto e agirem proativamente em prol das mudanças. Conhecendo e respeitando a relevância que as pessoas têm em todos os processos da organização, o líder sensível é o que sabe motivá-las, estimulá-las e movimentá-las, no sentido de exalarem a criatividade, o amor e o comprometimento, em função de um objetivo maior, o da solidez da organização. Saber lidar com gente é atributo indispensável do líder que superou as barreiras do próprio exclusivismo para sentir, em função de todos, a alegria de compartilhar seu conhecimento, suas experiências e seus melhores talentos, não apenas olhando o futuro com o foco no "faço por mim e os outros que se virem".

Transparência retrata fortaleza, não fraqueza ou debilidade empresarial. É tempo de renovação de propósitos das organizações e as que ainda não consideram que vivemos a fase da transparência, da verdade, da responsabilidade com o cliente e da dignidade institucional têm seus líderes afetados pela miopia empresarial, que pode levá-las ao precipício.

---

[38]"Não importa se é uma pessoa ou um grupo que lidera o *turnaround*, desde que seus membros estejam imbuídos dos mesmos objetivos. A unidade de comando precisa ter a visão do todo e seguir a mesma linha de ação, visto que o duplo comando é um enorme risco neste processo. Para alguns consultores, o processo de gestão da crise se assemelha mais a uma operação militar do que a uma democracia. Nem sempre há tempo para buscar o consenso. As decisões são de risco, devem ser rápidas e alguém tem que assumi-las. É preciso firmeza na condução deste processo, pois ele é doloroso e talvez não haja uma segunda oportunidade." – PEREZ, Marcelo M. *Uma contribuição ao estudo do processo de recuperação de empresas em dificuldades financeiras no Brasil*. Faculdade de Economia, Administração e Contabilidade da USP.

TRÊS PASSOS PARA APRIMORAR A SENSIBILIDADE

1. **Desintoxique-se**
   Livre-se das toxinas – em todos os sentidos – que o impedem de se sentir melhor e, consequentemente, de observar além do horizonte costumeiro. Utilize os recursos de que dispõe para encontrar o equilíbrio do corpo e da mente:

   - Alimente-se de maneira saudável.
   - Coma a metade, caminhe o dobro e sorria o triplo.
   - Valorize seu sono, durma melhor. Durma mais cedo, levante-se mais cedo.
   - Depure-se espiritualmente.

2. **Oxigene-se**
   Inspire mais e calmamente. No dia a dia agitado, normalmente respiramos 17 vezes por minuto, enquanto o ideal está ao redor de 9. Ao respirar melhor, o nível de oxigenação do organismo e do cérebro aumentam, combatendo a ansiedade, inimiga da percepção e da sensibilidade.

3. **Reflita antes de agir**
   O simples fato de adotar a reflexão antes de agir com pressa contribuirá para que exercite e respeite sua sensibilidade, filtrando interferências e apurando a percepção ao abrir "as comportas da mente".

Competências essenciais do gestor na condução de um processo de transformação de empresa

Relacionamos algumas das competências que contribuem para que o gestor atinja o sucesso em suas atividades.

CONSCIÊNCIA **TRANSFORMADORA**

Competência	Efetividade na transformação de empresas
Liderança Às vezes inata, congênita. Competência que pode, todavia, ser aprendida.	Sensibilizar as pessoas para a mudança; competência necessária para a facilitação do processo.
Relacionamento interpessoal Base da comunicação entre as pessoas.	Favorece ao gestor ser um apoiador das relações, a remover resistências e a angariar adeptos ao processo.
Visão sistêmica Competência que garante a exímia leitura de contextos e das melhores possibilidades e momentos de intervenção.	Permite ao gestor ter maior perícia na condução de medidas estratégicas, por ter a visão macro do sistema em transformação.
Conhecimento Considerada uma competência transitória, perecível, que se altera com o tempo. Necessita de atualização periódica.	Inibe as surpresas e favorece o domínio técnico do processo; assegura minimizar os erros.
Agilidade Competência para agir rapidamente, principalmente diante do aprendizado após o erro.	Velocidade para a tomada de decisões cabíveis.
Comprometimento Significa promessa recíproca. Competência de prometer e cumprir. Sinônimo de responsabilidade.	Assegura a realização da transformação, por completo.
Autoconhecimento Conhecimento de si próprio, das características, qualidades, imperfeições e sentimentos que caracterizam o indivíduo.	Ajuda o gestor a reconhecer suas tendências a cada momento; ajuda-o a agir da melhor maneira.
Sensibilidade Consiste na capacidade perceptiva do contexto em que o gestor atua.	Competência que o distingue por perceber amplamente as emoções inseridas no contexto empresarial.
Flexibilidade A flexibilidade de um profissional é o atributo que lhe favorece compreender e contemporizar ideias ou pensamentos alheios. Capacidade de adaptar-se.	Permear o ambiente corporativo sem se contaminar e respeitando o contexto, sem agredir a cultura empresarial.

A TRANSFORMAÇÃO DA EMPRESA

O caminho para a mudança não está pavimentado por planilhas financeiras complexas, mas, como já comentamos, fundamentado em alteração de comportamento. Métricas bem estabelecidas e dados consistentes e confiáveis são a base para a diretriz do processo. Porém, há outro fator essencial para que haja o êxito em um processo de mudança: a saúde dos relacionamentos. É preciso entendermos dois conceitos: relacionamento intrapessoal e relacionamento interpessoal. O conceito de relacionamento intrapessoal diz respeito à capacidade de relacionar-se com as próprias emoções e sentimentos. Ou seja, refere-se ao autoconhecimento e à automotivação do indivíduo e como ele os aplica em sua vida; como esse indivíduo se relaciona consigo mesmo (quanto se conhece, quanto se aceita como é). O conceito de relacionamento interpessoal significa a relação entre duas ou mais pessoas, considerando o contexto no qual os indivíduos estão inseridos, podendo ser um contexto familiar, escolar, de trabalho ou de comunidade. Diz respeito a como um indivíduo se relaciona com o outro.

Nossa metodologia de trabalho é caracterizada por considerarmos, desde o início, três vertentes de atuação:

1. A base de dados e informações (a realidade da empresa).
2. Intervenções (sensibilizações frequentes) e gestão de pessoas.
3. Negociações com credores.

A BASE DE DADOS E INFORMAÇÕES

Os dados apresentados pelo empresário e sua equipe são suficientes para o início da investigação a respeito da situação da empresa. A partir da verificação da origem e da confiabilidade dos dados, nossa equipe passa a estabelecer os parâmetros e controles da operação.

SENSIBILIZAÇÃO DE COLABORADORES

Quando chegamos para o início dos trabalhos, realizamos a primeira sensibilização de todos os colaboradores. Há a necessidade de intervenções constantes, visando à quebra de paradigmas. Salientamos a importância da transparência da atuação, bem como quanto contaremos com a participação de todos no processo. Tópicos como "gestão da mudança", "quebra de paradigmas", "comprometimento", "união de equipe", "gestão de pessoas", entre outros, fazem parte dos temas a serem abordados periodicamente, conforme a necessidade. Quanto ao desenvolvimento de pessoas, assunto que merece tanta atenção quanto merecem os assuntos financeiros, avaliamos como colaborar para a evolução individual e coletiva. São pessoas, portadoras de emoções, que geram os processos de uma organização. Durante as fases de crise, principalmente, o impacto do descontrole emocional, dos colaboradores do "chão de fábrica" aos líderes, é evidente. As emoções oriundas dos relacionamentos influenciam as ações a serem tomadas pelos líderes em uma organização. Quanto mais o líder de um negócio – ou de um projeto – souber gerir as emoções de um time, mais próximo estará dos resultados que almeja. Faz parte da ação de liderar o reconhecimento da importância de extrair de cada colaborador as melhores contribuições, valorizando seus talentos.

É imprescindível, portanto, que se dê sequência ao trabalho de transformação da empresa, medindo a "temperatura" das emoções em cada fase do processo e a reação dos colaboradores, para que se intervenha, especificamente, quando e como for necessário.

QUAL É O OBJETIVO DO NEGÓCIO?

Queremos apenas recordar um conceito, à luz dos apontamentos de alguns autores, para situar o leitor. Assaf Neto[39] descreve que o lucro contábil, mensurado de acordo com os princípios fundamentais da contabilidade, não representa o efetivo desempenho da empresa, mas um parâmetro de medição desse desempenho. Para o autor, uma empresa é avaliada pelo todo, pelo potencial de lucro, tecnologia absorvida, qualidade dos produtos, estratégias financeiras, preços, imagens, participação de mercado etc. Segundo Schmidt[40], as organizações, de maneira geral, necessitam permanentemente aferir se seu desempenho está compatível com os objetivos estabelecidos.

---

[39] Assaf Neto (2005).
[40] Schmidt (2006, p. 9).

Para o início de um processo de *transformação* de uma empresa que já apresenta sinais de declínio, estabelecemos como diretriz uma demonstração de resultado do exercício (DRE) mensal (ou semanal, dependendo da atividade), na qual balizamos as ações. Em se tratando do regime dos registros contábeis, a DRE, considerada um dos mais relevantes relatórios de gestão da empresa, é confeccionada pelo regime de competência, o que permite avaliar se a empresa teve lucro ou prejuízo em determinado período[41]. O regime de competência facilita a observação dos resultados de uma empresa, da sua situação financeira e patrimonial. Receitas e despesas são contabilizadas no momento em que ocorrem (data do fato gerador), não importando quando haverá pagamentos ou recebimentos. Precisamos lembrar ao leitor que, qualquer empresa, independentemente do porte, pode utilizar o regime de competência para seus registros contábeis. Conforme a legislação brasileira, o regime de competência é considerado o oficial para fins de imposto de renda. Todavia, no caso de médias e grandes empresas, além de instituições financeiras, esta é a maneira obrigatória de fazer os registros. A vantagem desse regime é a possibilidade de o empreendedor planejar com mais visibilidade seus investimentos futuros, uma vez que as movimentações financeiras, mesmo as que ainda não foram quitadas, já estão consideradas no balanço e no balancete[42].

Apresentamos a estrutura de uma DRE[43] aplicada às pequenas empresas, para, na sequência, abordarmos a versão utilizada pelo ITEM como guia para a transformação de empresas.

---

[41]ANDRADE, Marcio Roberto. Entenda a diferença entre regime de caixa e regime de competência. ContaAzul blog, 21 jun. 2016. Disponível em: <https://blog.contaazul.com/a-diferenca-do-regime-de-caixa-e-de-competencia>. Acesso em: set. 2019.
[42]ANDRADE, Marcio Roberto. Entenda a diferença entre regime de caixa e regime de competência. *ContaAzul blog*, 21 jun. 2016. Disponível em: <https://blog.contaazul.com/a-diferenca-do-regime-de-caixa-e-de-competencia>. Acesso em: set. 2019.
[43]OLIVEIRA, Anselmo José. Gestão financeira aplicada a micro e pequenas empresas (ebook Kindle), 2015.

Estrutura da Demonstração de Resultados do Exercício (DRE)

Receita Operacional Bruta

(-) Impostos incidentes sobre vendas

(-) Vendas canceladas

(-) abatimento sobre as vendas

(=) **Receita Operacional Líquida**

(-) Cistos dos produtos, mercadorias ou serviços vendidos (*)

(=) **Lucro Bruto**

(-) Despesa administrativas

(-) Despesas com vendas

(-) Despesas gerais

(-) Resultado financeiro líquido

(-) Outras receitas e despesas operacionais

(=) **Lucro Operacional (=/-) resultado extra operacional**

(*) Custos dos produtos, mercadorias ou serviços vendidos: a nomenclatura deste grupo de contas deverá ser ajustada levando em consideração o setor de atividades da empresa. Se ela for uma indústria, a conta terá a denominação de "Custos dos produtos vendidos"; se for do comércio, deverá ser ajustada para "Custos das mercadorias vendidas"; se for uma prestadora de serviços, o nome do grupo de contas será "Custos dos serviços prestados".

Para efeito elucidativo, consideremos o exemplo hipotético a seguir, que representa o modelo de DRE utilizado em nossa metodologia. É importante salientar que tivemos o cuidado de que, embora simplificada nossa DRE, todos os valores que compõem a estrutura de uma DRE, como a apresentada anteriormente, fossem devidamente alocados nas contas que adotamos para nossa visão. Ou seja, todos os números pertinentes à análise financeira que faremos da organização estão presentes em nosso modelo, de maneira condensada.

DRE Mensal

Contas	R$	%
Receita	10.000,00	100
(-) CMV, CPV ou CSP	3.000,00	30
(-) Impostos	1.633,00	16,33
(-) Custos financeiros	800,00	8
(-) Despesas	4.500,00	45
Total	**9.933,00**	**99,33**
Lucro	**67,00**	**0,67**

O leitor já deve ter ouvido a frase: "Trabalho porque gosto, o resultado é consequência!". O empreendedor que inicia um negócio sendo adepto desse pensamento é bem possível que chegue a um resultado similar ao apresentado acima, com a DRE de sua empresa refletindo um lucro interpretado como "consequência". Um lucro pífio! O correto e mais oportuno seria se ele pensasse: "Trabalho porque gosto e meu objetivo é o lucro!". Mostraremos que a alteração de apenas uma das linhas da DRE é o fator de mudança do conceito, capaz de determinar a vitória sobre os desafios nascidos em meio ao desarranjo, ou à ausência, de objetivos claros. A alteração suficiente para mostrar um novo horizonte.

O sonho é o fator determinante do negócio, a razão de a empresa existir, e seu objetivo é o lucro.

> **FATURAMENTO (–) CUSTOS E/OU IMPOSTOS (–) DESPESAS = LUCRO OU PREJUÍZO**

No entanto, acrescenta o escritor Reinaldo Domingos: "Perceba que o lucro está em último lugar. A partir do faturamento, são deduzidos os custos, os impostos e as despesas, e, somente ao fim disso, aparece o resultado, podendo ser lucro ou prejuízo. Como um empreendedor pode priorizar o resultado que em uma equação é deixado por último? A resposta é simples: não prioriza[44]".

Aqui, começa o trabalho de aprender a priorizar o lucro. Nessa nova visão da DRE, o lucro não é deixado por último, mas, ao contrário, é considerado o objetivo do negócio.

DRE Mensal		
Contas	R$	%
Receita	10.000,00	100
(–) CMV, CPV ou CSP	2.800,00	28
(–) Impostos	1.633,00	16,33
(–) Custos financeiros	300,00	3
(–) Lucro	1.500,00	15
Total	**6.233,00**	**62,33**
Despesas	**3.767,00**	**37,67**

---

[44]DOMINGOS, Reinaldo. *Empreender vitorioso com sonhos e lucro em primeiro lugar*. São Paulo: DSOP, 2018. p. 218.

Quais foram as ações que fizeram, repentinamente, o lucro "aparecer"? Na verdade, não se trata de uma aparição repentina, mas de um resultado de decisões e esforços imediatos em favor da mudança.

1. Reduz-se o CMV (CPV ou CSP) ao patamar conveniente à operação, compatível com o negócio. Após realizado o devido mapeamento do processo de compras para se comprar melhor, o CMV sofreu significativa alteração, em vista da adequação de compra de matéria-prima e, eventualmente, de aumento do preço de venda dos produtos, inclusive.

2. Ações também são tomadas para a redução dos custos financeiros. No exemplo apresentado, o teto dos custos financeiros foi estabelecido em 3% da receita, em função de taxas mais condizentes com as expectativas e necessidades da empresa, praticadas por parceiros financeiros que, além do lucro, visam à recuperação do negócio de seu cliente.

3. Em seguida, priorizando o lucro, adequa-se a conta "despesas" ao patamar em que deve estar, a fim de que o negócio seja lucrativo. A linha do lucro entra na composição do que deve ser "pago", trocando de lugar com a outra (despesas), que passa a estar em último lugar. No caso, a redução foi de 16,29%, com o lucro priorizado. A conta "despesas" não poderá exceder 36,67% da receita.

Respeitados esses parâmetros, garante-se o lucro, que, em caso de empresa devedora, será destinado aos pagamentos das dívidas. Com severidade na gestão, via de regra, as negociações para os pagamentos das pendências serão efetuadas na seguinte ordem:

1. ações trabalhistas;
2. fornecedores;
3. bancos;
4. impostos/tributos;
5. terceiros (particulares).

Durante as fases de recuperação ou reestruturação, o líder do negócio e seus executivos permanecerão com o foco no lucro, tendo como balizadores a conta "despesas", que não pode exceder a porcentagem do faturamento estabelecida em função do lucro predeterminado. A continuidade do sucesso de uma empresa que se reestruturou depende da seriedade com que será conduzida, a fim de que não mais saia dos trilhos.

O OBJETIVO DE UMA EMPRESA É LUCRAR, PARA QUE METAS SOCIAIS E PROFISSIONAIS SEJAM ALCANÇADAS E, ASSIM, ELA SE PERPETUE NO MERCADO EM QUE ESTÁ INSERIDA.

CONSCIÊNCIA **TRANSFORMADORA**

O ITEM TRANSFORMADOR

Quantas empresas vêm enfrentando a necessidade de se transformar? Todas. Quando não se trata de uma mudança radical para que sobreviva, podemos considerar a necessidade de transformações constantes que visam ao crescimento sólido da instituição e à excelência, através da melhoria contínua. Melhoria é transformação. O extremo dos desafios é o de a empresa atingir o patamar daquela centena de empresas mais cobiçadas para se trabalhar, onde o ambiente organizacional é reconhecidamente saudável e os colaboradores por nada desejam trocá-la por outra, nem por uma que ofereça remuneração ainda maior, com benefícios ainda mais atraentes. Ao estudarmos os fatores que levaram tais organizações ao amplo reconhecimento de seu público – clientes, parceiros e fornecedores –, quanto às suas características, perceberemos que nelas a liberdade para a ação, para a expressão da inteligência e do conhecimento são valorizadas. Recentemente, em uma entrevista em uma rádio de âmbito nacional, um repórter perguntou a um jovem empresário brasileiro de sucesso, que tem sua empresa no Vale do Silício (EUA) em um segmento de ponta, como o de tecnologia:

– *Qual a razão de você ter conseguido tal expressão no mercado?*

O empresário respondeu, sem pestanejar:

– *Uma das razões de nosso sucesso é que valorizamos o erro; todos podem errar em minha empresa!*

O repórter continuou:

– *Mas, então, você permite, com essa naturalidade, que errem, sem puni-los?*

– *E por que haveria de punir um colaborador que ensaia o acerto?* – respondeu o empresário, que seguiu dizendo: – *O erro é o caminho do acerto. Quem não erra não exercita e, talvez, não aprenda. Aceitamos o erro em nossa empresa com a responsabilidade de corrigi-lo rapidamente.*

"O acerto é casual, o erro ensina", como salientaram os japoneses ao guru William Edwards Deming. O fato é que não basta errar para que se chegue à conclusão do melhor caminho... É preciso corrigir rapidamente! Esse é o segredo do sucesso deste e de todos os empresários que valorizam o erro como prenúncio do acerto. A atitude desse empresário brasileiro comprova a tese de que, em um ambiente de respeito à diversidade, onde as competências são respeitadas e valorizadas, os profissionais desfrutam da liberdade de ação em função do melhor que podem oferecer.

A busca pela capacitação é outro fator a contribuir para o avanço dessas organizações. Ao fundarmos o ITEM[45], que tem por objetivo a reunião de profissionais seniores dedicados à transformação de empresas, estabelecemos critérios de capacitação de nossos profissionais, visando à contribuição que darão também para o desenvolvimento de colaboradores das empresas que vivenciarão nossa metodologia e a consolidarão. O interesse em vivenciar e desenvolver-se no campo da gestão financeira, tendo experiência na área, é a base para os que desejam atuar como agentes transformadores – gestores – no segmento de recuperação de empresas.

---

[45] ITEM Brasil – Instituto de Transformação de Empresas do Brasil – www.itembrasil.com.br.

MISSÃO DO ITEM

"Apoiar empresas e empresários na sustentação do negócio, através de uma intervenção ética e sistematizada, que garante solidez financeira e uma liderança consciente."

VISÃO

Ser uma instituição de autêntica credibilidade na formação de profissionais facilitadores de processos de gestão empresarial.

VALORES

Comportamentos identificados por dignidade, integridade, ética, respeito, comprometimento, transparência e amor.

OBJETIVOS DO ITEM

Modelo de aliança estratégica empresarial

- Processo mútuo de aprendizado.
- Ensino de excelência.
- Reputação internacional.
- Experiência prática das empresas e organizações.

PROGRAMAS

São desenvolvidos de acordo com as características do mercado em que o ITEM estiver inserido, seja no Brasil ou em países nos quais for demandado a formar consultores/facilitadores para a transformação de empresas.

O ITEM vale-se de abordagens diversas que suportam o trabalho de conscientização do empresário e de líderes em suas atividades. Uma gama de ferramentas compõe o quadro de suas competências, a serem compartilhadas através de:

a) Seminários de apresentação do conceito de facilitação (de quatro a oito horas de duração).

b) Cursos de "Programa de Facilitação para Universitários", que prepara alunos recém-ingressados na universidade para o desenvolvimento de competências em finanças e gestão com recurso à facilitação.

c) Seminários sobre multiculturalidade (interculturais).

d) Cursos de educação financeira.

e) Cursos para a formação de gestores de transformação de empresas.

Os seguintes tópicos abrangem seus objetivos

- Ampliar a rede de contatos entre profissionais da área de gestão de negócios.

- Divulgar no mundo corporativo o conceito de facilitação e ferramentas específicas para melhoria de gestão nas organizações.

- Incentivar os profissionais que trabalham com gestão empresarial a reconhecerem nossa metodologia como diferencial competitivo para o equilíbrio e o crescimento sólido dos negócios.

- Criar um conceito de valor da marca, agregando credibilidade crescente ao instituto, favorecendo que empresas de renome pesquisem e determinem a necessidade de alianças estratégicas conosco.

- Rigor e reputação que assegurem retorno significativo sobre o investimento que alunos e empresas vão empreender.

PRINCÍPIOS

O embasamento quanto aos princípios que regem a atuação no cliente pode ser apresentado em forma de um quadro, cujas peças se encaixam de maneira justa e complementar. A ampla formação demandada pelo instituto para a melhor atuação de uma equipe gestora em determinado cliente sugere coerência e especificidade, como segue:

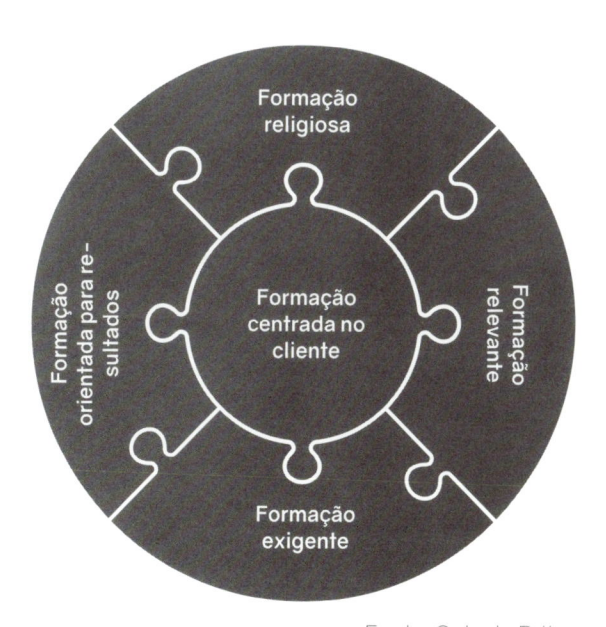

Fonte: Celeste Brito.

Formação rigorosa

Compreende o entendimento e a aplicação de normas e procedimentos estabelecidos pelo ITEM para a atuação de uma equipe de consultores em qualquer cliente. Advém de experiências consolidadas que norteiam nossos trabalhos.

Formação relevante

Por sua vez, abrange o conjunto de técnicas essenciais para o êxito em qualquer processo de transformação de empresas.

Formação exigente

Diz respeito ao que é exigido pelo ITEM a um gestor de transformação e executivos da equipe gestora, em termos de conhecimentos específicos da área em que vão atuar em determinado cliente.

Formação centrada no cliente

Representa a preparação que a equipe gestora deve receber para compreender o contexto do cliente, ajustar o foco, visando à precisão nas ações específicas.

Formação orientada para resultados

Abrange os conhecimentos que permeiam as questões de necessidade imediata do cliente, relacionadas ao impacto direto em seus resultados financeiros.

Áreas de conhecimento do gestor de transformação ITEM e sua equipe

1. Soluções de treinamento alicerçadas em conhecimentos de administração de empresas e gestão de negócios.

2. Experiências de aprendizagem que contribuam para o desenvolvimento integrado de competências de gestão:

- **Horizontais:** Dirigir – Planejar – Medir – Controlar.

- **Verticais ou funcionais:** Técnicas específicas, como: contabilidade, gestão financeira, planejamento estratégico etc.

- **Pessoais:** Não específicas e acumuladas ao longo da vida do profissional, como *soft skills*.

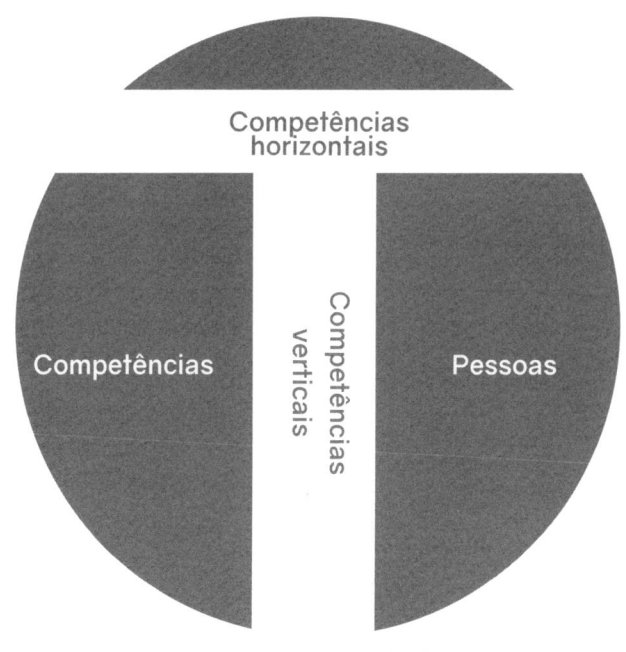

Fonte: Celeste Brito.

CERTIFICAÇÃO PROFISSIONAL ITEM

A certificação de um profissional que deseja atuar em conjunto com o Instituto de Transformação de Empresas do Brasil baseia-se em diretrizes apontadas nos quadros representativos a seguir:

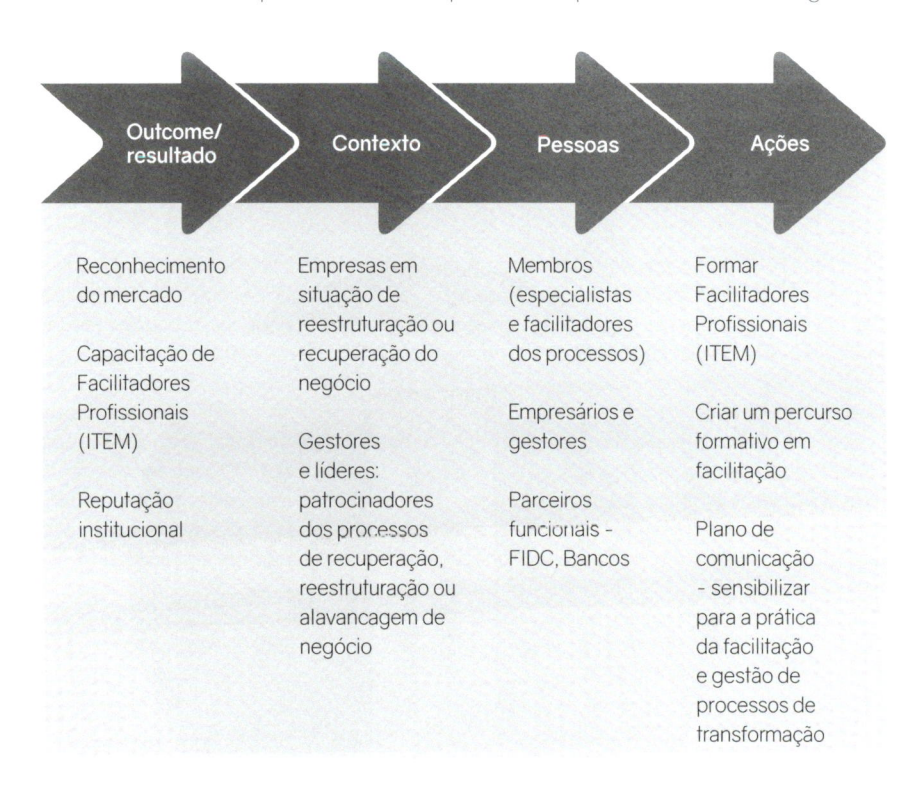

Outcome/resultado	Contexto	Pessoas	Ações
Reconhecimento do mercado	Empresas em situação de reestruturação ou recuperação do negócio	Membros (especialistas e facilitadores dos processos)	Formar Facilitadores Profissionais (ITEM)
Capacitação de Facilitadores Profissionais (ITEM)	Gestores e líderes: patrocinadores dos processos de recuperação, reestruturação ou alavancagem de negócio	Empresários e gestores	Criar um percurso formativo em facilitação
Reputação institucional		Parceiros funcionais - FIDC, Bancos	Plano de comunicação - sensibilizar para a prática da facilitação e gestão de processos de transformação

CONSCIÊNCIA **TRANSFORMADORA**

Quatro ações compõem a ampla atuação dos consultores certificados pelo ITEM. Seus desafios são mobilizar, executar e transformar, ações que dependem da primeira preocupação de uma equipe gestora de transformação de empresas: integrar.

Integrar	Mobilizar	Executar	Transformar
Adaptabilidade Construir relação e comunicar assertivamente Adequar as abordagens ao contexto	**Estratégia** Compreender e antecipar o mercado (*ripple inteligence*) Decidir ações estratégicas	**Orientação para Resultados** Dirigir/gerir a execução- identificar, planear, executar e monitorar	**Transformação** (disrupção) Criar novas oportunidades, testar soluções alternativas Investir em novas tendências
Resiliência Ser determinado e orientado para o sucesso Manter o foco e saber ressignificar	**Cliente** Compreender a necessidade do cliente Criar valor acrescentado na relação com o cliente	Alocar os recursos **Gerir a Equipe** Identificar recursos/talento disponível (organizational capability) Monitorar a execução	Gerir o momento e incutir sentido de urgência
Resolução de Problemas Analisar cenários alternativos, reduzindo complexidade Integrar o detalhe no processo Equilibrar o "ganhar hoje" com o investir no futuro" (*speed vs quality*)	**Influenciar** Criar significado e propósito Liderar através do exercício de influência Decidir e responsabilizar- -se pelos resultados		

No Programa de Certificação Profissional ITEM, o consultor vai saber (mais), como:
1. Criar relações colaborativas com os clientes.
2. Gerir os processos apropriados de forma a garantir gestão de projeto efetiva.
3. Desenvolver a missão com base nos princípios da ética, da transparência e do compliance, garantindo comunicação eficaz nas várias fases do processo.
4. Orientar os sócios e líderes do negócio para resultados práticos que garantam a execução de estratégias objetivas, sistemas e processos de suporte eficazes.
5. Desenvolver e manter o conhecimento.
6. Modelar uma atitude profissional positiva, agir com integridade e modelar a neutralidade.

E vai se beneficiar de:
1. Competências transferíveis que acrescentam valor em qualquer contexto ou atividade profissional.
2. Relacionamento intra e interempresas, departamentos ou divisões e em qualquer nível: funcional, management ou executivo.
3. Relacionamento com stakeholders externos, institucionais, parceiros ou com a concorrência.
4. Ambiente de trabalho mais equilibrado, que fomenta um contexto positivo em cada projeto.
5. Cultura de desenvolvimento em que se compreendem e incorporam perspectivas inovadoras e diversas.

NÍVEIS HIERÁRQUICOS DE COMPETÊNCIAS

Gestor sênior

Responsável pela gestão de projetos de grande dimensão e pessoas e pela avaliação da respectiva contribuição no atingimento dos resultados.

Executivo especialista

Gestor responsável pelo gerenciamento de projetos de pequena dimensão ou que integra uma equipe de gestão liderada por um gestor sênior que contribui em uma área de especialidade.

Trainee

Gestor que integra o ITEM ainda sem experiência profissional relevante.

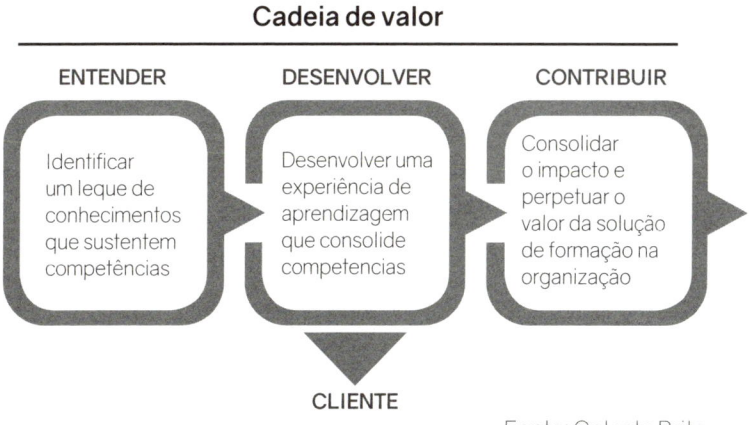

Cadeia de valor

ENTENDER	DESENVOLVER	CONTRIBUIR
Identificar um leque de conhecimentos que sustentem competências	Desenvolver uma experiência de aprendizagem que consolide competencias	Consolidar o impacto e perpetuar o valor da solução de formação na organização

CLIENTE

Fonte: Celeste Brito.

A proposta de valor e experiência de aprendizagem

CADEIA DE VALOR ITEM

ENTENDER → DESENVOLVER → CONTRIBUIR

FONTES DE CRIAÇÃO DE VALOR

- Diagnóstico
- Fit com o contexto
- Soluções de conhecimento inovaores

- Alinhamento cultural
- Metodologias inovadoras
- Soluções criativas

- Potenciar a mudança
- Potenciar a criatividade
- Potenciar a descoberta

Experiência de aprendizagem "no cliente"

Experiência de aprendizagem

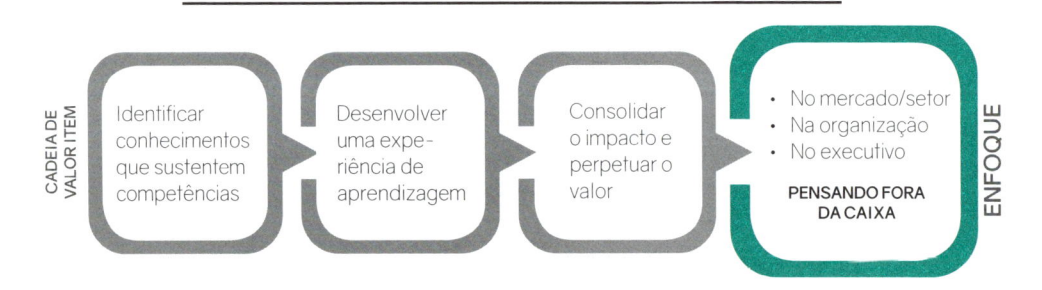

CADEIA DE VALOR ITEM

Identificar conhecimentos que sustentem competências → Desenvolver uma experiência de aprendizagem → Consolidar o impacto e perpetuar o valor →

- No mercado/setor
- Na organização
- No executivo

PENSANDO FORA DA CAIXA

ENFOQUE

ITEM – programas para empresas

Programas desenhados de acordo com as necessidades específicas das organizações

Objetivos estratégicos ┄┄► Competências necessárias
┆
┆
▼
Competências existentes ┄┄► Desvio de competências ┄┄► Recrutamento
┄┄► Formação
┄┄► Reestruturação

Fonte: Celeste Brito.

CONSCIÊNCIA **TRANSFORMADORA**

A METODOLOGIA

A metodologia ITEM abrange quatro fases, cada uma delas contendo subdivisões e particularidades. Há uma arquitetura de intervenção que suporta as ações da equipe gestora desde o primeiro contato com o potencial cliente. Salientamos que a filosofia de trabalho é representada pela expressão "NO CLIENTE", prevalecendo como foco proveniente de: aprendizagem focada na organização, maior interação entre participantes, maior ligação entre conceitos teóricos e aplicação prática imediata no seio da organização.

As fases são:

1. análise de necessidades;
2. elaboração do programa;
3. realização do programa;
4. avaliação.

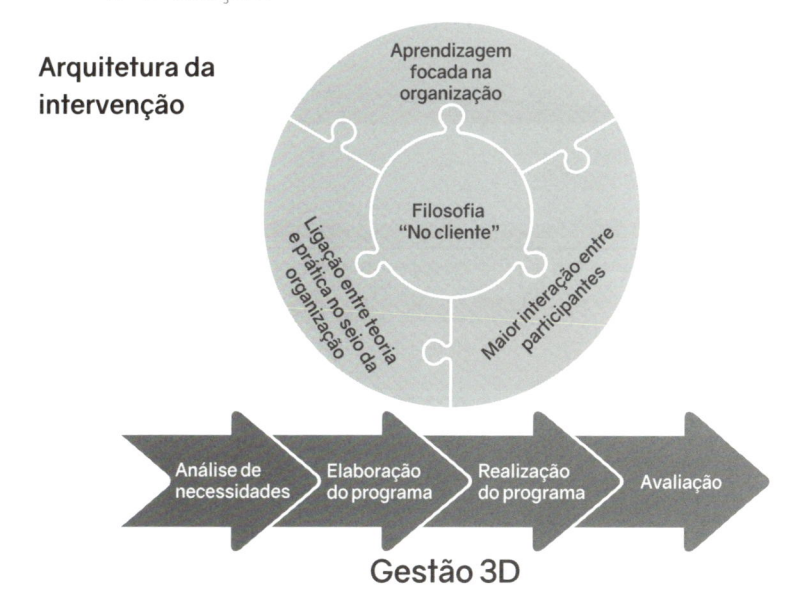

Arquitetura da intervenção

- Aprendizagem focada na organização
- Filosofia "No cliente"
- Ligação entre teoria e prática no seio da organização
- Maior interação entre participantes

Análise de necessidades → Elaboração do programa → Realização do programa → Avaliação

Gestão 3D

Arquitetura da Intervenção

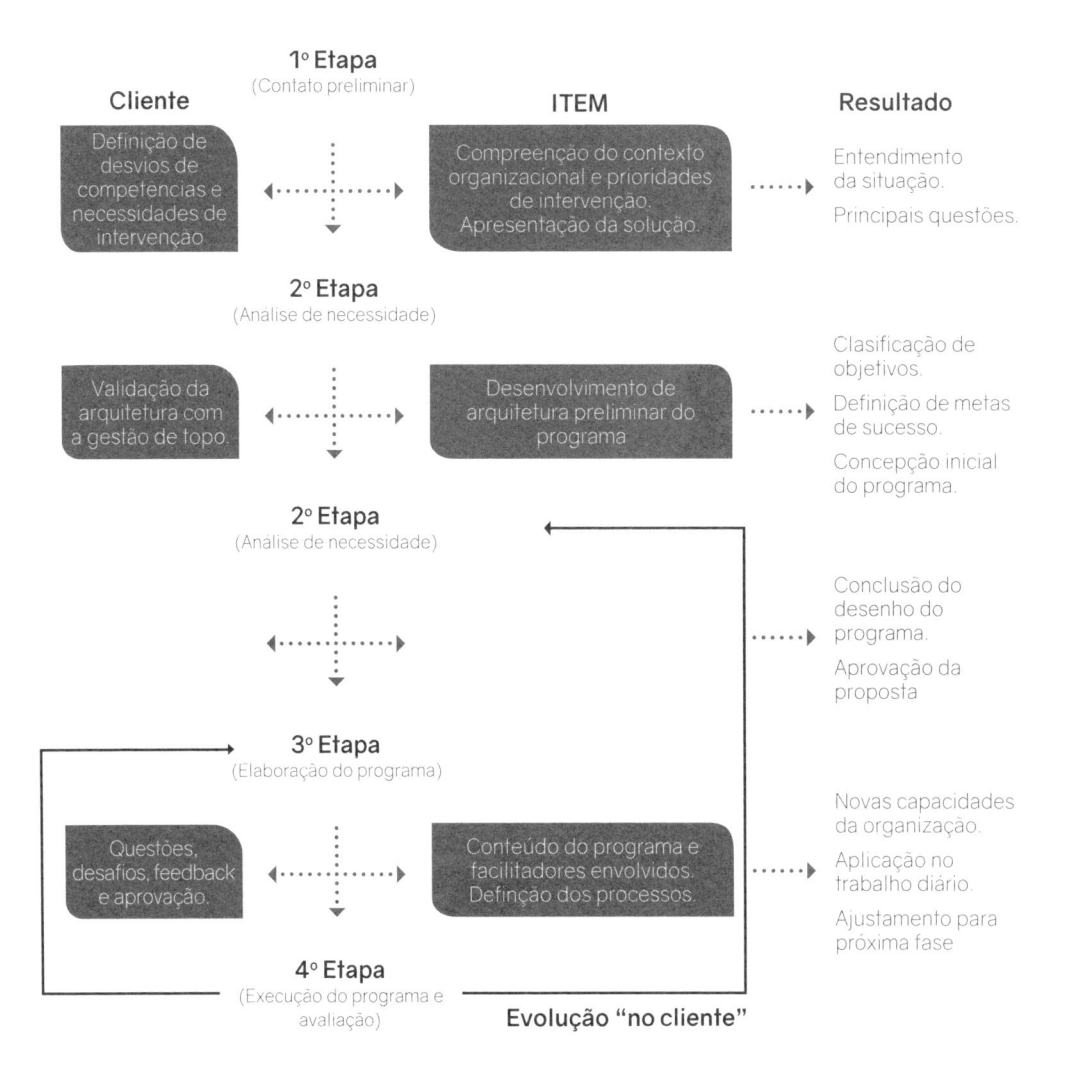

1º Etapa
(Contato preliminar)

Cliente	ITEM	Resultado
Definição de desvios de competências e necessidades de intervenção	Compreenção do contexto organizacional e prioridades de intervenção. Apresentação da solução.	Entendimento da situação. Principais questões.

2º Etapa
(Análise de necessidade)

Validação da arquitetura com a gestão de topo.	Desenvolvimento de arquitetura preliminar do programa	Clasificação de objetivos. Definição de metas de sucesso. Concepção inicial do programa.

2º Etapa
(Análise de necessidade)

Conclusão do desenho do programa.
Aprovação da proposta

3º Etapa
(Elaboração do programa)

Questões, desafios, feedback e aprovação.	Conteúdo do programa e facilitadores envolvidos. Definção dos processos.	Novas capacidades da organização. Aplicação no trabalho diário. Ajustamento para próxima fase

4º Etapa
(Execução do programa e avaliação)

Evolução "no cliente"

| 138

A GESTÃO 3D

A execução do programa abrange o que denominamos gestão 3D – descobrimento, direcionamento e desenvolvimento.

Durante as primeiras 12 semanas, nos aprofundamos na fase de descobrimento das características e das situações comercial, financeira, contábil e fiscal da empresa, o que compreende ir além do que foi apresentado para a avaliação da consultoria. Em alguns casos, dependendo do comportamento dos líderes quanto à não aceitação das premissas para a transformação, o trabalho é descontinuado, de acordo com o que é estipulado em contrato.

A fase de direcionamento sucede a de descobrimento, correspondendo às ações pertinentes às mudanças essenciais em todos os departamentos da organização.

Na sequência vem a fase de desenvolvimento, que compreende a implementação de um plano de treinamento que será conduzido pela equipe gestora ou por profissionais contratados, visando à formação dos colaboradores que permaneceram e abraçaram os novos desafios.

Descobrimento

Descobrindo a empresa, suas características, seu segmento, sua cultura, seus colaboradores e modelos Mentais.

Três aspectos compõem a fase de descobrimento:

5. entendimento do contexto da empresa;
6. diagnóstico do potencial individual e coletivo;
7. identificação das restrições ao bom desempenho.

Direcionamento

Desenvolvendo o potencial dos talentos da organização e os processos, visando ao aumento de produtividade, à excelência.

A fase de desenvolvimento consiste na preparação de conteúdo customizado e aplicação individual e em grupo, objetivando o crescimento intelectual e a educação corporativa.

Vantagem competitiva continuada e o sistema MORE (monitoramento de resultados)

Consiste no monitoramento dos resultados alcançados (metas e comportamentos), garantindo a persistência e o nível de comprometimento atingido com a gestão 3D. Com base no MORE, para a continuidade dos trabalhos, após os objetivos da transformação serem atingidos, o ITEM pode estender sua atuação, se solicitado pelo cliente, até quando for conveniente às duas partes.

Luiz Fernando Koprick Sodré, profissional responsável pela área de tecnologia do ITEM, explica:

> *O monitoramento dos resultados das ações destinadas à transformação de uma empresa é uma das chaves para o real sucesso da transformação, pois ele auxilia na persistência e manutenção do comprometimento com a gestão 3D. Com esse propósito, o sistema MORE (Monitoramento de Resultados) foi concebido. Mas, mais do que apenas uma ferramenta tecnológica que utiliza de recursos gráficos para apresentar indicadores, é também uma maneira de promover na empresa a importância da gestão baseada em dados, que, além de dirigir a tomada de decisões, potencializa até as decisões com base na intuição ou experiência dos seus gestores.*

Compromissos das empresas em processos de recuperação

A confiança em seus dados financeiros e operacionais e a transparência das informações estão no primeiro plano das responsabilidades para que qualquer crise seja vencida. Enfatizamos que o respeito aos credores, parceiros e colaboradores é sempre uma atitude primordial e não somente nos momentos de crise, de recuperação. É importante que os administradores da empresa em recuperação, bem como o gestor responsável pelo processo, tenham a consciência dos pontos a seguir:

- A crise pela qual passa a empresa decorre da gestão.
- O resgate da credibilidade do mercado depende das atitudes coerentes desta fase, quando se apresenta a situação claramente aos clientes e fornecedores.
- Durante o processo de recuperação, os credores têm todo o direito de acompanhar a estratégia e as ações do gestor, podendo intervir, em função do equilíbrio geral.
- A prioridade é negociar, jamais o "não pagar".
- Entre as principais medidas necessárias à contenção da crise está a constante redução de custos, não o aumento de vendas, que pode, inclusive, piorar a situação.
- A política é de contenção, acima de tudo; portanto, a primeira medida é a redução do pró-labore e das retiradas dos eventuais controladores.
- Desde que haja flexibilidade para a intervenção de uma assessoria especializada externa, com outra mentalidade dirigida para a recuperação, a competência do seu deve ser o porto seguro para os credores, que nele confiam.
- Reconhecer que mesmo o gestor pode errar eventualmente, porém não cometerá equívocos oriundos de excessos ou "achismos".

CAPÍTULO OITO

AS DOZE SEMANAS PARA O ÊXITO

"Os profissionais de quase todas as empresas seguem uma trilha enganosa. A primeira coisa a ser modificada é a mentalidade. Em vez de pensar em crescimento em termos de uma megadescoberta, é necessário observar as vantagens das jogadas certeiras, pequenos projetos e ideias voltados para o crescimento, que podem causar enorme impacto cumulativamente. Além disso, é preciso entender que há o 'bom' e o 'mau' crescimento..."

Ram Charan

O INÍCIO

Abordaremos os tópicos referentes às primeiras 12 semanas que compõem a fase inicial de um projeto de transformação de empresas. Baseamo-nos na proposição de que o empresário vence a resistência em pedir ajuda quando sente que a empresa está "em vias de quebrar". Abre o coração para aceitar que uma equipe, com a devida competência, assuma o compromisso de salvar sua organização da morte iminente. Concorda em solicitar ajuda especializada para os "tempos de crise" e aceitaria abdicar – ou, no mínimo, compartilhar – do comando da operação. Mas não é novidade que, no momento da dor, o ser humano demonstra-se frágil, tem rompantes de humildade, tendendo à transformação.

Primeiro, o empresário é solicitado a apresentar as informações básicas e os dados da empresa referentes ao prazo mínimo de seis meses:

1. receita mensal;
2. custo mensal da mercadoria vendida (CMV) ou do serviço prestado (CSP);
3. valor dos impostos a serem recolhidos mês a mês;
4. custos fixos (fixos + variáveis + despesas administrativas, pró-labores, folha de pagamento, internet, contador, aluguel etc.);
5. custos financeiros: quanto tem pago na pessoa jurídica e pessoa física para juros de cartões, taxas de bancos, descontos de duplicatas etc.;
6. dívidas: especificar valor e credores (bancos, fornecedores, terceiros etc.);
7. valor do estoque.

CONSCIÊNCIA **TRANSFORMADORA**

Em resumo:

- dívidas;
- custo da mercadoria vendida (ou custo da matéria-prima, se for fabricante);
- impostos;
- custo financeiro;
- custo fixo;
- estoque.

Não nos espantamos ao notar certo desconforto do empresário quando perguntamos se há "algo mais". A resposta é quase sempre negativa, como se tudo estivesse às claras, todas as dívidas sobre a mesa. No entanto, descobrimos, com o passar dos dias, algo novo: um credor que vem reivindicar seus valores ou um documento, que surge "do nada", relativo a outra pendência, enfim... A experiência nos mostra que nos deparamos com "sujeiras debaixo do tapete". O planejamento da recuperação está intimamente ligado ao conhecimento das dívidas e de seus credores. Simultaneamente à pesquisa sobre as dívidas da empresa, o gestor tem os olhos voltados para a manutenção da receita, já que pode ser inviabilizada a recuperação com o faturamento em declínio acelerado. Por sua vez, o empresário insiste, frequentemente, na possibilidade do incremento imediato da receita como solução. Em algumas situações, alega, inclusive, que tem a certeza de que um "novo projeto comercial", guardado em segredo, prestes a ser lançado, será a salvação. É evidente que o percentual relativo aos custos fixos cairá em uma relação diretamente proporcional ao acréscimo de receita. Todavia, esse aumento não ocorre da forma como o empresário argumenta ou crê. Nessa fase, com a empresa à beira do precipício, contar com aumento de receita repentino como tábua de salvação seria, no mínimo, uma atitude imprudente. O foco é o trabalho intenso para a redução de custos, já que, do prejuízo para o lucro, a distância é grande. Metaforicamente, dizemos que a queda do lucro vai "de elevador", de forma muito rápida, enquanto a subida acontece "pela escada", em ritmo vagaroso e árduo.

Em reuniões de abordagem sobre a estratégia e as diretrizes, no início dos trabalhos de nossa consultoria, é comum empresários mencionarem certos clichês, como:

"Quase nem precisaria da consultoria de vocês para a recuperação de meu negócio, que sempre foi muito bom!"

"O que aconteceu foi que... perdi a mão de meus negócios, ultimamente..."

"Esse novo projeto, no qual quero investir, trará excelentes resultados, vocês vão ver!"

Temos o cuidado de não nos deixar contaminar por argumentos como os apresentados. Outros dois pontos merecem nossa atenção especial: evitar ferir as suscetibilidades e a humildade, como fator determinante para compreendermos o posicionamento do empresário. Não há necessidade de a consultoria, na pessoa do gestor ou de outro consultor, fazer críticas ao empresário pelos erros cometidos. É natural que ele se coloque na posição psicológica de defesa. O gestor visa a transformação para o sucesso da organização e não tem por objetivo competir com o empresário ou diminuí-lo diante de seus colaboradores, que seguem seus passos muito antes de a consultoria chegar. Os erros cometidos não justificam que ele seja exposto e ridicularizado. Há consultores que procedem dessa forma, com ar de extrema superioridade, causando mal-estar intraduzível ao líder do negócio. Tal comportamento apenas dificultará ainda mais o êxito do processo.

O comando do processo de transformação, pela experiência, competência e segurança do gestor, deve engendrar serenidade e confiança em toda a organização.

CONSCIÊNCIA **TRANSFORMADORA**

AS 12 SEMANAS

Ações do gestor

A programação que apresentaremos é uma referência às ações essenciais, que serão tomadas na fase inicial. Com o passar do tempo e o aumento do conhecimento da equipe gestora sobre as particularidades da organização, é fixado o cronograma, estruturado com base nas necessidades específicas da organização.

1ª SEMANA

1. Conhecer cada departamento e quem responde por sua gestão.
2. Ouvir, em entrevista individual, todos os colaboradores e colher suas impressões e seus sentimentos sobre a situação.
3. Conhecer o modelo comercial do negócio e seu potencial de sustentabilidade.
4. Entender as causas do problema de "falta de recursos", queda de faturamento e diminuição abrupta do lucro líquido.
5. Determinar as responsabilidades e os papéis dos sócios com a chegada da consultoria.
6. Solicitar os extratos bancários e as "francesinhas" referentes ao período de início das dívidas.
7. Determinar o gestor do processo de transformação e os executivos da equipe de gestão da transformação.
8. Estabelecer o local físico para o trabalho da equipe gestora, dos sócios e dos colaboradores administrativos comprometidos com o processo.

2ª SEMANA

1. Identificar particularidades da gestão do negócio.
2. Entrevistar os líderes de departamento, em um primeiro momento. Duas perguntas devem ser feitas a todos eles e anotadas as considerações para posterior análise:

    a) Se você fosse o dono do negócio, o que faria nesta hora?

    b) Quais seriam suas primeiras três decisões?

3. Montar os demonstrativos de resultado do exercício (DREs), conforme modelo utilizado pela consultoria, e estabelecer o DRE-meta.
4. Planejar o fluxo de caixa.
5. Auditar os extratos bancários e contratos de dívidas contraídas com agentes financeiros. Se por acaso for detectada alguma irregularidade, submeter essa documentação à avaliação de um perito técnico associado ao Corecon (Conselho Regional de Economia), a fim de que produza os laudos periciais necessários para que seja dado suporte a eventuais ações revisionais a serem elaboradas pelos advogados.
6. Definir um colaborador da área financeira, de confiança do empresário, para conduzir o departamento financeiro (iToken), preferencialmente alguém da própria empresa, que trabalhará sob a liderança da nova gestão.
7. Iniciar os estudos detalhados dos custos industriais, formação de preços, impostos e margem de lucro embutidos, visando identificar eventuais erros que, ao longo do tempo, já se tornaram "paisagem" para os líderes da empresa.
8. Identificar os fornecedores de matérias-primas que concorrem com os atuais, a fim de comparar os preços de

oportunidade, lotes ou programações de compra que identifiquem maior volume de negócios.

9. O gestor definirá, diariamente, as ações relativas ao departamento financeiro, principalmente contas a pagar: a quem pagar, quando pagar, quanto pagar e como fazê-lo.

10. Definir o pró-labore dos sócios, considerando a realidade da empresa, não as necessidades individuais. Qual é a capacidade real de geração de caixa que possibilita remunerar os sócios?

11. Início dos processos de *coaching* com os colaboradores-chave capazes de "fazer a diferença" ou de sabotar o programa de transformação.

3ª SEMANA

1. Solicitar orçamentos para alguns advogados para a escolha da equipe jurídica que dará suporte ao processo de recuperação.

2. Conhecer os profissionais de contabilidade e a assessoria jurídica que já atendem ao empresário e avaliar se detêm a expertise necessária para esse novo momento da organização, que divergirá, significativamente, do cotidiano. A atividade exigirá muito mais experiência que o conhecimento necessário para o serviço tradicional. A flexibilidade terá papel fundamental no que tange, principalmente, ao objetivo de diferenciar, e inovar, métodos, processos e fluxos na gestão.

3. Não sendo possível manter a equipe de profissionais terceirizados (contadores e advogados), serão apresentadas duas ou três opções de profissionais parceiros que já detêm a expertise necessária aos processos de rees-

truturação propostos e será permitido ao empresário que opte pelos que melhor se identificarem com ele. A empatia é fator que contribui com a decisão do empresário. A consultoria sairá de cena em 20 ou 30 meses, mas esses profissionais permanecerão responsáveis pela empresa pelos próximos anos.

4. Elaborar o cronograma de trabalho.

5. Agendar e conduzir as reuniões de negociação com todos os credores, com a prévia apresentação da situação da empresa e do programa a ser implementado: colaboradores, fornecedores, FIDCs, financeiras, mancos, entre outros.

6. Definir as prioridades entre os credores. Quais são capazes de parar a operação? Fornecedores estratégicos de matérias-primas, obviamente, devem ter prioridade.

7. Estabelecer as reuniões específicas com os FIDCs que farão parte da recuperação, visando aos descontos de títulos ou eventuais fomentos; negociar parâmetros e taxas que atendam as partes. Há que se ter muita prudência na primeira conversa com os agentes financeiros, pois, comumente, ao se depararem com consultorias, se esforçam para reduzir os limites de créditos e encerrar as linhas de financiamento da operação.

8. Auditar os estoques físicos de matéria-prima e de produtos acabados, identificando oportunidades. O objetivo também é verificar possibilidades de fazer caixa.

9. Identificar os recebíveis atrasados para agir em função de cobrança amigável, bem como decidir enviá-los para cobrança judicial, até em função de baixar o contas a receber.

10. Apresentação do plano de trabalho com os detalhes do DRE-meta aos fornecedores de matéria-prima, para que

conheçam os critérios para o pagamento das dívidas, com carência a ser determinada; estabelecer um plano de continuidade de fornecimento como condição para que se cumpra o programa dos pagamentos.

11. Garantir aos fornecedores que não há intenção em substituí-los, a menos que optem pela descontinuidade.

12. A aprovação dos agentes financeiros, em comunhão com a consultoria, de fomentos para a compra, à vista, de matérias-primas não exime os fornecedores de reverem suas práticas de preço para oferecerem condição melhor nessa fase.

13. Todas as tomadas de preço serão auditadas e a condição de pagamento será à vista, evitando-se criar novas pendências.

4ª SEMANA

1. Determinar os participantes do que denominamos Comitê de Administração, do qual também participarão os sócios. O gestor liderará as reuniões do comitê, que ocorrerão na frequência a ser estabelecida, conforme a necessidade.

2. Mapear os processos das áreas comercial, financeira e produtiva.

3. Em caso de necessidade de demissões, determinar as condições para início do processo.

4. Reunião com os FIDCs para avaliação da performance das partes.

5ª SEMANA

1. Aprofundamento da pesquisa sobre os processos produtivos e comerciais, sugerindo a pergunta: Como fazer diferente e com a cooperação de quem?
2. Avaliação: O faturamento será mantido nos patamares necessários à recuperação? Quais são as sugestões para que ele se mantenha?
3. Conhecer quem são os clientes ativos e potenciais. Quais são as necessidades imediatas de cada segmento?
4. Estudar qual seria a estrutura necessária para manter a receita advinda dos clientes atualmente ativos e para explorar, eventualmente, os clientes potenciais.
5. Reunir informações para serem discutidas em reuniões do Comitê de Administração.
6. Estabelecer um planejamento estratégico de emergência.

6ª SEMANA

1. Sugestão de melhorias das atividades, com base nas análises semanais dos relatórios gerenciais.
2. Dividir esforços entre as áreas.
3. Manter o acompanhamento do fluxo de caixa.
4. Consolidar os resultados das entrevistas com os principais colaboradores e líderes, sejam eles formais – aqueles cujo poder advém do cargo – ou apenas líderes pessoais – aqueles que, naturalmente, lideram pelo carisma. É fato que as perguntas básicas formuladas a todos, sobre quais seriam as três decisões imediatas que cada um

tomaria, nos dão importantes contribuições para os próximos passos. Sabemos que 70% das respostas se repetem, vindas dos colaboradores sinceros e lúcidos quanto à real situação e comprometidos com a recuperação do negócio, que não somente têm a intenção de fazer "politicagem interna".

7ª SEMANA

1. Acompanhar os efeitos das decisões tomadas.
2. Verificação e medidas inibidoras das tentativas de sabotagem do processo de mudança.
3. Agir pontualmente para o equilíbrio do programa.
4. Nessa fase, já concluímos a avaliação da carteira de clientes, optando por aqueles cujo vínculo seja saudável:
    a) os que se mantêm adimplentes;
    b) os que cumprem os prazos de pagamento;
    c) aqueles que priorizam a relação comercial com a empresa, respeitando os preços;
    d) os que respeitam uma programação de compras.

8ª SEMANA

Demissões por não adaptação

1. Verificar novas necessidades de demissões de colaboradores que demonstraram mudança de comportamento em função de não contribuírem para a transformação positiva da empresa, a ponto de contaminar outros colaboradores.

2. Conferência dos efeitos do processo de coaching sobre o comportamento dos colaboradores comprometidos com o processo de mudança de modelo mental.

9ª E 10ª SEMANAS

1. Avaliações da real possibilidade da continuidade do programa, em função dos sinais de disposição ou não dos sócios de aceitarem as condições.
2. Reavaliação da política comercial e das estratégias de negócios.
3. Dar vazão aos estudos para proposta mais efetiva aos principais fornecedores e parceiros, com possíveis compras à vista, através de fomentos e amortizações das pendências do passado, na base de 5% a 10%, a depender de cada caso. Essa ação será implementada três ou quatro meses após o início desses estudos.

11ª E 12ª SEMANAS

1. Reavaliar o planejamento estratégico e as ações inerentes às áreas comprometidas.
2. Discutir em comitê algum realinhamento de metas do plano geral.
3. Avaliar o desempenho dos líderes.
4. Estabelecer as melhorias necessárias nos processos e indicadores de desempenho.
5. Estabelecer as próximas ações com o *coach*, profissional responsável pelos processos de *coaching*.

6. O acompanhamento preciso por parte do gestor fará toda a diferença entre o sucesso e o fracasso da transformação da empresa.

7. Apresentar a proposta comercial para a continuidade das ações da consultoria.

As 12 semanas são referenciais e servem como roteiro para os trabalhos. Os procedimentos e as ações se interligam em uma sequência coerente. Trata-se de uma fase com a finalidade de descobrir a empresa, além de sinalizar, orientar e apontar tudo o que deverá ser realizado. Ações muito relevantes serão tomadas durante e após esse período. Metaforicamente, podemos dizer que a árvore foi inspecionada, a poda brusca foi realizada e o tronco foi mantido, bem como os galhos principais. A forma foi definida. A partir de agora, os detalhes do acabamento virão com o tempo, até que, meses depois, a empresa esteja equilibrada e frondosa, produzindo frutos saudáveis e com alta produtividade.

Leia atentamente as frases a seguir. Se concordar com ao menos uma delas, reveja seus conceitos de gestão e evite o declínio da empresa em que atua ou conduz:

1. Nossos produtos e/ou serviços são os melhores; nossos clientes jamais nos deixariam.

2. Nada precisamos mudar, está tudo certo! As razões da queda de nosso faturamento são externas.

3. Só precisamos de mais capital de giro para voltar ao que a empresa era antes.

4. A falta de motivação em minha empresa é porque nosso momento de dificuldade não é compreendido... Nada tem a ver com minha gestão!

5. São todos incompetentes nesta empresa! Se eu não mando, ninguém faz!
6. Não preciso de gurus para falarem o que já sei... São todos teóricos, além de não conhecerem meu negócio.
7. Hoje, nosso problema se chama vendas. Vou mostrar que é faturando mais que tudo se resolve!
8. Não há mais onde reduzir custos, já cortei tudo o que podia!
9. Esse negócio de MBA, mestrado e doutorado é bobagem! Tenho o aprendizado da vida, que vale mais que o que se adquire em um banco de escola.

CAPÍTULO NOVE

CONSCIÊNCIA **TRANSFORMADORA**

TRANSFORME-SE ENQUANTO É TEMPO

"Todas as empresas do mundo terão de se reestruturar"

Jack Welch, 2003

O TIRO NO PRÓPRIO PÉ

Naquela noite, voltávamos de uma empresa que aparentava ter sucesso. Sediada em um condomínio empresarial nobre nos arredores de São Paulo, com estrutura de causar inveja a qualquer empreendedor, ninguém diria que seus sócios haviam chegado ao ponto de não saberem mais o que fazer diante do contexto de dívidas crescentes. Alimentavam esperanças de que o faturamento desse o "grande salto" e os salvasse do pior. Afinal, a esperança é a última que morre. Aquela potência não poderia sucumbir diante de seus olhos. Conheciam muito bem o mercado em que atuavam, mas viviam a expectativa frustrada do sonho que tardava a se realizar... Uma sensação de escuridão que se intensificava, sem previsão de claridade alguma.

Decidiram buscar por uma consultoria que os socorresse. Fomos indicados por um amigo em comum, que conhece nossa metodologia e lhes advertiu, antecipadamente, de que ela seria o remédio certo, apesar de amargo. Consideramos a possibilidade de assumir o desafio e aceitamos analisar o caso. Os números apresentados não correspondiam à realidade, tendiam a suavizar a situação, como de costume. Entretanto, o perigo era iminente, e a morte, certa. Se continuassem com seu método de trabalho, e de vida, mantendo o mesmo modelo mental, sua "filha" – a empresa – faleceria em breve. Os médicos haviam chegado. A paciente acabara de entrar na sala de cirurgia, fora entubada. Seriam meses de trabalho árduo para a intervenção mais séria de sua história. Se reverteríamos a situação? Só o tempo nos diria, já que, por melhor que seja a metodologia, o sucesso depende, fundamentalmente, da intenção efetiva de mudança por parte dos líderes, não apenas da colaboração de fatores externos. Se abraçássemos a causa, a empresa seria submetida a uma nova e dura condução.

Cumprimos o prazo inicial, tornando transparente a situação a todos os credores, conseguindo sua confiança para a jornada que nos aguardava. Era extremamente desafiador o objetivo de colaborar para que os sócios compreendessem o que é ser um líder que inspira os colaboradores, em vez de destruí-los com sua arrogância.

Com a evolução do processo, foi gratificante constatarmos que o equilíbrio foi estabelecido com a valorização da serenidade e a confiança dos credores diante da nova forma de trabalho, com foco na eficiência de processos e eficácia nos resultados, sem mais se perderem na inconsistência de opiniões superficiais.

Após quatro meses...

Sabemos da dificuldade que o empresário tem em entregar a gestão de sua empresa nas mãos de terceiros e se dispor a assistir e colaborar com as alterações impostas por estes. O processo de transformação exige habilidade da equipe de gestores em lidar com a resistência à mudança generalizada e fazer ver a todos, nitidamente, as necessidades de melhoria. Se a resistência persistir, é sinal de que sabotarão o projeto no meio do caminho.

Foi o que ocorreu, nesse caso.

Declinamos do projeto de recuperação dessa empresa no dia em que o empresário nos ofendeu aos gritos, em um rompante de raiva, ao ser repreendido por ações que não correspondiam com nossa condução. Isso apesar de a esposa e dos filhos, que atuavam como líderes de áreas do negócio e trabalhavam com ele havia muitos anos, solicitarem que nossa consultoria permanecesse. Ele não abria mão da gestão arrogante e, constantemente, vinha sabotando o processo, ao colocar uns colaboradores contra os outros, incentivando mentiras e contaminando ainda mais a organização.

Esse foi um dos casos que nos fez refletir sobre os atributos do gestor na condução de um processo de transformação. Não basta que números sejam controlados e planilhas sejam elaboradas. A contaminação do ambiente organizacional, por parte de pessoas que agem para que o novo pensamento de gestão não seja respeitado, é capaz de prejudicar ou mesmo impedir as mudanças. Pessoas que desacreditam do processo, ou que brigam pelo brilho que pensam lhes ter sido tirado pela equipe que assumiu o comando da transformação da empresa, são barreiras ao progresso, não pontífices.

No entanto, há os colaboradores que buscam valorizar, ainda mais nessa hora de crise, a oportunidade de trabalho, principalmente aqueles cuja formação familiar os fez valorizar a dignidade, a honestidade e o brio. A remuneração percebida por eles nunca estará acima de seus valores.

Convém ao empresário que se propõe à mudança assimilar a grande contribuição do gestor do processo de transformação, na priorização do respeito, dos valores e dos talentos de sua organização.

É momento de refletir e de agir intensamente em função de transformar-se em vetor da mudança, da flexibilidade e da inovação.

Reflexões a partir desta experiência

1. Em reuniões prévias, conscientizar o empresário interessado em contratar a consultoria:

    a) da dedicação absoluta, da alta dose de paciência e de flexibilidade que lhe serão exigidas durante o processo;

    b) do desafio da interação com outros profissionais (que não são seus empregados, mas consultores);

    c) da duração do trabalho para ser concluído – entre 20 e 30 meses.

2. Tolerância: uma das competências do gestor do processo de transformação, a fim de que seja mantido o equilíbrio emocional dele e de sua equipe diante das adversidades que surgem durante o processo.

3. A disciplina e o rigor da consultoria garantirão os resultados almejados.
4. A seleção dos que realmente contribuirão para o sucesso do processo e o cuidado para que aqueles que já não acreditam na organização, e podem ser disseminadores da descrença, não a contaminem.
5. O empresário há de assumir o compromisso de transformar-se, respeitando as diretrizes do gestor e de sua equipe, a fim de que sejam implantados novos métodos de trabalho e atuem juntos para a mudança do contexto.

O que tenho feito de errado?

Administrar uma empresa sempre requereu dos líderes o desenvolvimento de competências múltiplas. E em contexto adverso, altamente competitivo, em plena era da informação, isso se torna ainda mais desafiador. Com o avanço das pesquisas no campo das ciências humanas, confirmou-se o valor do relacionamento interpessoal como fator diferencial para a conquista da harmonia e a manutenção do equilíbrio em uma organização, bem como para a eficácia da liderança, como já comentamos. Metodologias e ferramentas relativas às áreas técnicas, visando a controles e à avaliação de desempenho, são utilizadas na condução do negócio. Seriam simplesmente instrumentos "decorativos" nas prateleiras dos consultores se não fossem consideradas as habilidades para a gestão de pessoas. O maior desafio é geri-las. Metodologias a serem aplicadas na transformação de uma empresa carecem de pessoas interessadas em ver a transformação acontecer, em ser partícipes da mudança. Muito antes de se disporem à aplicação de novas e eficazes metodologias, precisamos saber se as pessoas querem valorizar o momento da mudança e o aprendizado – entra em cena o livre-arbítrio –, a fim de se constituírem agentes positivos da transformação.

Primeiro, devemos considerar que qualquer declínio de produtividade, em determinado processo fabril ou administrativo, advém de ações – ou da falta delas – de pessoas-chave ou estratégicas. Quando o clima organizacional começa a se deteriorar, é natural que a motivação despenque a níveis baixíssimos. Em consequência disso, alguns "líderes" – e por que não dizer chefes retrógrados? – imbuem-se do poder posicional que detêm para descarregar suas frustrações sobre as equipes. Vasculham erros em busca de culpados e proferem frases absolutamente desmotivadoras, sendo vetores do desequilíbrio emocional de suas equipes. O colaborador da produção é responsável pelo desperdício; seu supervisor, responsável por não extrair desse colaborador o melhor; o gerente, por sua vez, não agiu a tempo de evitar o desastre. Enfim, gera uma cadência de culpados, termo que esses "líderes" preferem utilizar. Aliás, preferem apontar culpados em vez de detectar responsáveis. O único a corresponder às expectativas da organização, a seu ver, é ele mesmo, o velho super-herói. Esses empreendedores potenciais se comportam como pais que não valorizam o momento e a oportunidade de salientar as habilidades dos filhos, motivando-os.

E porque supostamente remuneram de forma justa seus colaboradores – e acreditam que isso seja suficiente – exigem resultados espetaculares, como se apenas a remuneração garantisse a motivação de todos, principalmente diante das ameaças de crise. Em empresas familiares, há líderes simplistas que facilmente reduzem a zero o entusiasmo de suas equipes. Os colaboradores de empresas em fase de declínio precisam de estímulos para abraçar a causa e "dar o sangue" em função da vitória. Esses pseudolíderes, que acumulam frustrações diante dos resultados pífios de suas equipes, descarregam seus sentimentos em discursos repletos de impressões negativas a respeito delas. Exalam o perfume da vaidade misturado à arrogância que não disfarçam. Potenciais destruidores de algum resíduo de motivação que as equipes ainda nutrem, nessa hora, acentuam os perigos da queda e ameaçam-lhes o emprego.

Na empresa em fase de declínio, onde colaboradores desanimados e em dissonância com o propósito da transformação disseminam o patógeno da descrença, o fracasso é certo.

Os tristes quadros das empresas em declínio, movidas por colaboradores que sucumbem às adversidades, por falta de percepção das verdadeiras emoções que rompem a atmosfera organizacional, não são incomuns nos dias atuais. Não são raros os líderes que, desconhecendo ainda os conceitos de programação neurolinguística (PNL), insistem no jargão "manda quem pode e obedece quem tem juízo". E, quando não ignoram os novos conhecimentos das neurociências sobre o funcionamento do cérebro, os desprezam. Se esquecem de que, para que as vendas ocorram de maneira crescente, não somente o cliente deve ser motivado a comprar como também os colaboradores devem realizar sempre o melhor. Um produto que apresentar falhas será devolvido. Um atendimento precário estimulará o cliente a desfiar seu desapontamento ou sua raiva nas redes sociais e em sites de reclamações específicos, prejudicando a reputação comercial – e institucional – dessa organização, mesmo ele tendo feito a compra de um dos produtos ou serviços.

Toda empresa pleiteia ser perene em seu segmento. Toda empresa almeja contar com a dedicação das pessoas que a escolheram e foram selecionadas pelo departamento de recursos humanos para contribuir com seu melhor. Mas, de repente, frases depreciativas, como "quero que tudo se dane!", são pronunciadas com frequência. Demonstram sentimentos de desprezo, irreverência, descaso e falta de consideração por parte de colaboradores que, em outras épocas, trabalharam com boa vontade e bastante motivados. Como se não houvesse um motivo para a existência do sentimento inverso ao amor que nutriram quando assumiram seus cargos ficam as perguntas: Qual seria a origem do desânimo generalizado que os abate? Por que atribuir apenas a eles mesmos a razão do decréscimo de sua motivação? O líder tem de pensar a respeito.

A gestão do capital humano e a liderança são os temas mais estudados pelos gurus organizacionais. Marcelo Monteiro Perez[46], em seu trabalho científico intitulado Uma contribuição ao estudo do processo de recuperação de empresas em dificuldades financeiras no Brasil, conduziu 25 entrevistas com "[...] reconhecidos profissionais especialistas em recuperação de empresa em dificuldades financeiras no Brasil e por outros importantes agentes envolvidos neste processo. Por conseguinte, a amostra extraída foi intencional e não aleatória, tendo sido formada de acordo com os critérios de neutralidade e imparcialidade, respeitando a disponibilidade dos pesquisados em conceder a entrevista regida por pacto de sigilo e confidência, para todos os dados e informações aos quais devem ser atribuídas essas condições, conforme os mais altos padrões ético-profissionais", como salienta Peres.

Sobre as causas do declínio das empresas

- Para 76% dos profissionais, predominam as causas internas.
- Para 20%, as causas são exclusivamente internas.
- Apenas para 4% dos profissionais há equilíbrio entre origens internas e externas.

Nenhum participante acredita que as causas possam ser somente ou predominantemente externas.

A opinião de 76% dos profissionais, que consideram predominantes as causas internas, está em consonância com nossa experiência. Em seu trabalho, Perez se propôs a analisar os principais sintomas que surgem quando tem início uma crise financeira, a entender os porquês de as empresas beirarem à inadimplência e, também, a mostrar possíveis razões recorrentes, como modelos mentais, padrões de ação e de erros, comportamentos nocivos, atitudes ou inércia empresarial que precedam o insucesso das empresas. Perez dividiu em sintomas financeiros e não financeiros e afirma que, frequentemente, os não financeiros surgem primeiro e refletem problemas gerenciais, estratégicos e operacionais. Caso esses indicadores sejam desprezados, alertas financeiros vão aflorar.

Os sinais não financeiros que predominaram na pesquisa foram:

1. deterioração dos relacionamentos entre os sócios;
2. queda na qualidade do atendimento às necessidades ou aos anseios dos clientes;
3. crescimento nas reclamações de clientes por atraso ou qualidade;
4. crescimento do estresse e da tensão nas relações pessoais na companhia;
5. frequentes trocas de profissionais nos postos de comando;
6. evasão de talentos humanos e dificuldade em contratações;
7. acomodação e redução do ritmo da empresa, com perda de vibração, atitude etc.;
8. redução da credibilidade no mercado de capitais e queda de ações;
9. paralisação das atividades operacionais por falta de matéria-prima;
10. atraso tecnológico.

Com exceção dos tópicos "h" e "i", os demais estão diretamente relacionados à gestão de pessoas e ao ânimo dos colaboradores. Salvatore Milanese, um dos profissionais que colaboraram com a pesquisa, traz dados de um estudo realizado pela KPMG[47] indicando que "mais de 70% das crises financeiras foram geradas por problemas de má gestão".

Quer gerir bem sua organização? Então, comece a entender de gente, conheça os fatores que motivam pessoas e jamais despreze os sinais que as emoções sugerem no olhar de cada colaborador, parceiro, cliente e fornecedor. São eles a força motriz do seu negócio. Se uma roda dessas parar, a organização estará ameaçada.

Questionamentos essenciais

Sua empresa tomou um rumo indesejado?

Procure entender, primeiro, a origem do caos, as razões da alteração de rota. Questione-se.

Sua missão pessoal

1. Neste momento, qual é o sentimento preponderante em você a respeito de sua vida profissional?
2. Qual é a sua expectativa com relação ao futuro, se mantiver o mesmo comportamento e as mesmas ações?
3. Relacione:

- hábitos saudáveis × hábitos nocivos;
- seus maiores acertos;

---

[47] A KPMG é uma das maiores empresas de prestação de serviços profissionais, que incluem Audit, Tax e Advisory Services. Integra o grupo de empresas chamadas *Big Four*, as quatro maiores empresas multinacionais do setor. As demais são Deloitte, Pricewaterhouse Coopers e Ernst & Young.

- seus erros, com os quais mais aprendeu;
- principais dúvidas que já teve e persistem.

4. Reflita: Seu modo de gerir pessoas o aproxima ou o afasta do sucesso almejado?
5. Seu comportamento inspira o sentimento de gratidão nas pessoas?
6. Para desempenhar melhor seu papel como empresário, o que precisa buscar?

Missão da empresa

1. Com que objetivo você iniciou seus negócios?
2. Você anseia por sucesso vertiginoso, repentino? Ou se preparou para o sucesso lento e crescente?
3. Visualiza sua empresa como uma instituição perene?
4. Onde reside a maior ameaça da vida de sua empresa: no mercado, na concorrência ou dentro dela mesma?
5. Quais são as evidências de que o cliente deseja contar com sua empresa para sempre?

> "GERALMENTE, AS EMPRESAS FAMILIARES SÃO AS PRINCIPAIS VÍTIMAS DAS FALÊNCIAS, OU POR NÃO ADMITIR A CRISE, OU POR NÃO ACEITAR AJUDA EXTERNA, OU AINDA POR NÃO QUERER REDUZIR SEUS PRÓ-LABORES."
>
> AGOSTINHO DALLA VALLE

CAPÍTULO DEZ

CONSCIÊNCIA E ESPIRITUALIDADE

"A ciência descobriu a espiritualidade. Hoje, há uma teoria científica logicamente consistente sobre Deus e a espiritualidade com base na física quântica e no primado da consciência (a ideia de que a consciência, e não a matéria, é a base de toda a existência. E temos dados experimentais apoiando essa teoria. Em outras palavras, embora a mídia não alardeie isso, temos agora uma ciência viável da espiritualidade ameaçando uma mudança de paradigma e passando da atual ciência com base na matéria que estimula exclusivamente a materialidade. Você pode chamar a nova ciência de ciência de Deus, mas não precisa fazê-lo. Na nova ciência não existe Deus como um imperador todo-poderoso, fazendo julgamentos a torto e a direito; existe uma inteligência pervasiva que também é o agente criativo da consciência, e que você pode chamar de Deus, se quiser. Mas, esse Deus é objetivo, é científico."

Amit Goswami

O SUPERDESAFIO

Fomos convidados por quatro fundos de investimento em direitos creditórios a conhecer um empresário extremamente centralizador, pouquíssimo assertivo e dono de um negócio com poucos concorrentes no Brasil, e a apresentar nosso método de trabalho a ele.

Aos poucos, fomos descobrindo o que foi omitido nos relatos preliminares fornecidos por esse empresário e pelos FIDCs que nos chamaram. Particularmente, acreditamos que nem eles detinham o conhecimento de muitos dos assuntos e especificidades. Verdade seja dita, os fundos demandavam o retorno de seu dinheiro. Mas prefeririam ser substituídos por outros fundos de investimento, a fim de se retirarem do negócio, gradativamente, com seus respectivos créditos. Isso estaria de bom tamanho.

Nos comportamos de forma imparcial, sem fazer julgamentos. Portanto, com nossa postura profissional peculiar e reconhecendo nosso papel, seguimos o ritual básico:

1. conhecer o processo;
2. conhecer as pessoas;
3. auditar os estoques de matérias-primas;
4. avaliar os custos;
5. auditar o passivo;
6. avaliar os processos de execução em andamento;
7. avaliar a carteira de pedidos e mark-up.

Finalizada essa etapa em algumas semanas, começamos a calibrar nossa bússola para os próximos passos:

1. desligar os colaboradores insatisfeitos e que, involuntariamente, sabotariam o processo;

2. identificar e utilizar itens parados no estoque que foram esquecidos;
3. cortar custos;
4. congelar os pagamentos aos credores;
5. solicitar carência de quatro meses para propor parcelamentos;
6. iniciar todas as compras à vista, através de recursos de fomento mercantil com receitas/vendas carimbadas;
7. Definir uma META de lucratividade e superávit de caixa mensal.

Assim como em projetos anteriores, tudo parecia seguir o roteiro já conhecido pelos membros de nossa consultoria. Entretanto, sabíamos que surgiriam ainda algumas especificidades do negócio, que está inserido no segmento de eletrônicos. Seus produtos são de altas tecnologia e especificidade, customizados para projetos exclusivos. Ou seja, cada cliente dessa empresa determina os detalhes dos produtos solicitados, sem a possibilidade de que sejam direcionados a outro cliente, se o primeiro os recusar. Nesse caso, perde-se tudo, apesar de toda matéria-prima ser importada.

Isto fez com que entendêssemos que somente 30% do processo seria dominado, por melhor que ele fosse estruturado e estudado pelos experientes consultores e por mais competente que fosse sua gestão. Os outros 70% ainda estavam no âmbito das probabilidades, que poderiam se tornar possibilidades, mas distantes de virarem realidade. Ou seja, sob o domínio das leis do Universo, o acaso detinha a maior parte, dificultando substancialmente o êxito de cada pedido.

Seguem algumas das variáveis que, mesmo com toda dificuldade, dominávamos:

- ciclo de produção de oito semanas (60 dias);

- 60% das matérias-primas são produzidas na China/EUA;
- para redução da carga tributária, os próprios clientes fornecem de dois a três itens, também comprados de fornecedores internacionais (China/EUA/Alemanha).

As outras variáveis (70%) foram surpresa:

Logísticas

- Possibilidade de ocorrerem defeitos na fabricação das peças produzidas em outros países.
- Possibilidade de ocorrerem atrasos decorrentes de problemas de logística entre os países; as peças vinham de Memphis (EUA), mesmo as produzidas na China.
- Por conta do excesso de burocracia, a possibilidade de lentidão na liberação da mercadoria pela Receita Federal, no aeroporto de Viracopos, em Campinas (SP).
- Vez ou outra, ocorre a operação-padrão – morosidade proposital provocada pelos colaboradores da Receita Federal, visando à equiparação salarial com os procuradores de estado.
- Colaboradores da Receita Federal que usam a burocracia como pretexto para dificultar as liberações.

Técnicas

- Possibilidade de incompatibilidades no processo de montagem, entre os componentes importados e os fornecidos pelos clientes (visando à redução da carga tributária para viabilizar a operação).
- Após a montagem dos componentes nas placas, estas são submetidas à última etapa, o teste, em que podem ser identificadas falhas de projeto de várias origens, como nos componentes nacionais, na ordem de 40%; nos

- componentes importados, por volta de 60%; ou mesmo falhas nos componentes de base fornecidos pelos clientes.
- Incompatibilidade natural de componentes que, individualmente, não apresentam qualquer defeito, mas no conjunto não funcionam.
- Gigas (equipamento fornecido pelo cliente para teste das placas, fornecidas em números inferiores ao necessário:

Exemplo:

Para se testar uma placa, leva-se de 30 a 60 segundos, dependendo do modelo. Logo, em um pedido de 1.000 placas, com uma giga disponível, se o tempo de teste se estender para três minutos por placa, necessitaríamos de vários dias, representando um terrível gargalo.

- Clientes que podem protelar o faturamento, após os testes finais concluídos.
- Clientes que, propositadamente, atrasam até uma semana a retirada dos produtos, consequentemente postergando o pagamento.
- Clientes que não recebem as notas fiscais emitidas com mais de dois dias.

Além da competência necessária à gestão, nos encontrávamos na posição de meros "torcedores", com os dedos indicador e médio das duas mãos cruzados, buscando a sorte, posto que "n" fatores se interpunham à nossa gestão, como barreiras ao fluxo natural e contínuo almejado. Ou seja:

Pedidos dos clientes ➡ Compra de matérias-primas ➡ Produção ➡ Testes de qualidade ➡ Faturamento ➡ Expedição ➡ Entrega ➡ Recebimento

Em resumo, sabemos que o primeiro passo para que a qualidade seja atingida é conhecer a variabilidade dos processos e controlá-la. Quando não se sabe a variabilidade de um sistema, por causa das várias interferências, o sucesso está comprometido. Nossa missão era reduzir ao máximo a variabilidade do sistema, tarefa dificílima. Sentíamos a empresa extremamente vulnerável. Estávamos distantes da excelência ou mesmo da rotina necessária para qualquer negócio prosperar.

Assim, o acompanhamento semanal do fluxo de expedição e faturamento comparava-se a uma tela de eletrocardiograma de um paciente obeso e fumante havia mais de 30 anos, à beira de um infarto. Não conseguíamos manter o equilíbrio do fluxo de expedição e faturamento semanal em patamar capaz de planejarmos os pagamentos dos custos fixos e das pendências dos credores do passado.

Nossa ansiedade crescia com a escassez de recursos, um verdadeiro pesadelo. Escassez ainda maior que quando iniciamos, uma vez que o principal cliente, que detinha mais de 50% do faturamento, vinha com sérios problemas financeiros. Era uma empresa com 85 anos de existência, que passou a transferir para seus principais fornecedores seu ônus, oriundo, também, da desorganização e da incompetência de planejamento. Acumulava o faturamento mensal por não se permitir ser cobrada no tempo que havíamos combinado. Com essa prática, prejudicava ainda mais nosso fluxo de caixa.

Como se diz na gíria, "não há situação ruim que não possa ser piorada". Nessa fase inicial, ocorreu a prorrogação por 60 dias do pedido do segundo cliente mais importante, por causa de atrasos na chegada e na liberação de componentes chineses, no aeroporto de Viracopos, em decorrência da greve dos colaboradores da Receita Federal. Até então, já havíamos demitido 31% do quadro de colaboradores, mantendo a produção. Com os novos objetivos traçados pelos próprios trabalhadores, com a contribuição dos processos de *coaching*, inclusive, conquistamos um patamar de produtividade bem superior, em meio ao imbróglio comercial que demandava muita atenção para ser equacionado. Enfatizamos nossa expertise na gestão de pessoas com treinamentos contínuos, entrevistas e disposição para ouvirmos 100% das novas ideias e as pequenas demandas que traduzem o grande potencial de motivação de uma organização: Dia da Mulher, Dia das Mães, Páscoa etc.

Os fundos que nos convidaram já haviam investido R$ 3 milhões no negócio. A partir da nossa avaliação inicial, investiram mais R$ 1,8 milhão em fomentos destinados apenas à compra de matérias-primas, pois precisaríamos mantê-las ao patamar mensal de R$ 1,2 milhão.

Havíamos investido oito meses de trabalho, com longa estrada ainda a percorrer. Mas, a essa altura, conhecendo as variáveis, as ameaças e os perigos desse negócio, perseguíamos os indicadores determinados no início do projeto, após a revisão do método de comercialização dos produtos.

Sem falar nos três ajuizamentos de pedidos de falência. Nota-se que em nenhum momento optamos por ajuizar uma ação de recuperação judicial, o que tornaria o trabalho da consultoria extremamente mais fácil.

Inicialmente, prevíamos lidar com os oito FIDCs credores. Porém, posteriormente, identificamos que eram 14, e todos com os mesmos problemas:

- pré-faturamento sobre o pedido;
- comissárias – através das quais os clientes creditam valores em conta corrente da empresa, que deixa de pagar o título ao verdadeiro cedente;
- fomento para compra de matérias-primas, já que os respectivos recursos foram utilizados de forma indevida para pagamento de outros credores.

Após um longo inverno...

Atualmente, acompanhamos todos os players deste negócio extremamente seguros e motivados, desde o empresário até os diretores de fundos, fornecedores de matérias-primas e colaboradores. Constatamos, principalmente, clientes satisfeitos em função da evidência de variabilidade bem menor do sistema – ou seja, qualidade crescente –, com prazos sendo antecipados e preços majorados. Inclusive, elevar os preços de venda significou o CMV ir de 51% para 42% do faturamento, aproximando-se de 38%, sem mais pressão da nossa parte, pois o empresário – o único representante comercial dessa empresa – abraçou fielmente a causa de gerir melhor sua organização, vendendo corretamente.

Acrescenta-se a tudo o custo financeiro de 7,5% do faturamento ter sido reduzido e estabilizado em 3,5%.

O desafio continua.

Amortizamos R$ 540 mil para os fundos e foram pagos R$ 650 mil de rescisões.

Agora, iniciaremos os pagamentos de FGTS, que havia oito anos não vinham sendo depositados aos colaboradores, causando profundo desconforto na relação de confiança entre as partes.

Vamos em frente, o pior já passou.

Reflexões a partir desta experiência

1. Torna-se relevante a análise prévia e minuciosa do projeto de transformação demandado por uma empresa cuja produção dependa de matéria-prima importada, sujeita aos imprevistos que impactam nos prazos.
2. O prazo para a conclusão dos trabalhos de transformação estará sujeito não apenas aos desafios naturais da área produtiva, mas à alta variabilidade dos processos em

consequência das barreiras naturais entre o país fornecedor e o Brasil, da alfândega brasileira e do desembaraço aduaneiro. Esse fator pode interferir no custo da consultoria.

3. Devem-se considerar nesta análise prévia as variáveis sob o ponto de vista do que ESTÁ e do que NÃO ESTÁ sob o controle da equipe gestora.

Resistência e consciência

Desde 1900, físicos como Max Planck, Niels Bohr, Werner Heisenberg, Erwin Schrödinger, Wolfgang Pauli e Albert Einstein, entre outros, lutaram contra os preconceitos instituídos pela física, que o famoso Isaac Newton construiu no século XVII, à qual chamamos hoje de física clássica. Apesar de terem sido ousados e conceituados pensadores, capazes de quebrar paradigmas desafiadores, também se deparavam com o componente interior da velha resistência à mudança. Erwin Schrödinger, um dos descobridores da equação matemática da física quântica, certa vez disse ao amigo Bohr que "se soubesse que teria de aceitar esse desgraçado salto quântico, jamais teria me envolvido com a mecânica quântica". Ou seja, sugeriu o que sentimos e não sabemos explicar; que, quando descobrimos que temos de mudar de opinião, mesmo que embasados cientificamente, sentimos certa frustração. Mudar nos incomoda profundamente.

Esses físicos, pioneiros quânticos, conviveram com enormes conflitos, deixando um legado incomensurável. Eles nos estimulam no intuito de que vençamos o grande desafio, o de "erguermo-nos acima do ego e chegarmos à consciência superior, com acesso à criatividade e à transformação" (Amit Goswami). Eles despertaram para a realidade da expansão da consciência. Lutaram contra o determinismo, o materialismo científico, e conseguiram progredir no sentido de demonstrar sua inadequação. Albert Einstein não se afinou com o materialismo estatístico e dizia que "Deus não joga dados". Mais velho, disse humilde: "Não descobri a relatividade apenas com o pensamento racional". Isso quer dizer que aceitou a presença de um componente inspirador – espiritual – a conduzi-lo na direção das descobertas acerca da consciência.

Outros, cada um a seu tempo e à sua maneira, sofreram transformações substanciais com suas descobertas, passando a seus alunos e seguidores os novos conceitos, favorecendo que agissem com noção bem mais ampla da vida, considerando que, como observadores do Universo, construiriam a realidade desejada.

"Entrar no mundo das soluções verdadeiras é resolver o conflito entre materialidade e espiritualidade, entre exterior e interior. Este é o poder da nova ciência. Ela integra", complementa Goswami.

Gestão de negócios e espiritualidade

Não nos referimos à relação entre gestão de negócios e religiosidade, mas entre negócios e espiritualidade, o que há entre o mundo dos negócios e o Ser Integral. Não somos bipartidos: parte material e parte espiritual. Somos consciência, com a liberdade pessoal e intransferível de buscar acesso à nossa consciência superior e fazer escolhas através do livre-arbítrio. Escolhemos nossos caminhos e formas de atuação no mundo. Ouvimos, recentemente, uma frase que nos chamou a atenção: "[...] importante transcendermos as perturbadoras ansiedades que fazem parte de nossa paisagem emocional". As iniciativas de transformação, em função da evolução, residem no íntimo do ser. Sugerimos ao leitor refletir sobre seu papel de empresário ou cúmplice de uma organização que não nasceu à toa. Nasceu para agregar valores à sociedade, atendendo às suas necessidades. Por essa razão, seus produtos e serviços são apreciados por consumidores que pagam para obtê-los. Enquanto a empresa os produzir com a fidelidade com que foram gerados, a população permanecerá interessada em obtê-los, às vezes pagando alto preço pelo valor que agregam. Quando algum desvio acontece, na essência do propósito da empresa e de sua administração, os consumidores perdem o interesse por seus produtos ou serviços, deixando de comprá-los de forma abrupta ou gradativa. O decréscimo das vendas não se dá apenas em razão da concorrência acirrada. A missão do empresário e de seus aliados é se manterem fiéis à proposta da empresa, agregando mais valor ao que produz. Nesse contexto, o reconhecimento dos consumidores pode surpreender a todos. Quanto mais se sentirem respeitados e valorizados, retribuirão amplamente. Isto é fidelização.

Espiritualidade, consciência e Universo são sinônimos. As ações do empresário estão em consonância com sua espiritualidade. Ética está intrinsicamente relacionada à consciência que temos das leis que regem o Universo. Definitivamente, o mundo não é dos egoístas, mas a Terra é a atual morada de seres em evolução, em busca da consciência, da harmonia plena. Há leis revogáveis – as estabelecidas pelos homens – e as absolutamente irrevogáveis. Ninguém revoga a lei da gravidade no âmbito da atmosfera. Por sua vez, por mais poderoso que seja um empresário, jamais revogará a lei da ação e reação. A cada ação sua corresponderá uma reação do Universo na mesma intensidade.

Nosso convite ao leitor é para que reflita além da superficialidade e se situe, considerando a amplitude de sua missão, de sua responsabilidade. A realização do sonho de um empreendedor demanda talentos essenciais, como a capacidade de influenciar pessoas, de contagiá-las e motivá-las. Dezenas, centenas ou milhares de colaboradores são tocados pelo magnetismo de um líder e acreditam em suas intenções de progresso em função do bem geral. Pelo menos é assim que se inicia um projeto, com a participação dos que o assumiram, demonstrando ao empreendedor que o idealizou a confiança e determinação em segui-lo. Transparência entre líderes e liderados e fidelização de clientes devem imperar. Empreendedores conscientes são os que, para terem perenes suas empresas, agem em função de se transformar. A palavra **consciência** ganha sentido nessa era a partir dos questionamentos sobre qualidade de vida. O autoconhecimento ressalta-se como um processo libertador da grande ignorância a respeito de nós mesmos. Por onde começar esse processo? Qual fonte oferece a água limpa para matar a sede do conhecimento espiritual?

A sociedade impinge o sucesso. Se a escolha é empreender, o empreendedor potencial deveria, primeiro, se basear em seus talentos. Ao simplesmente vislumbrar uma oportunidade que "dá dinheiro", deveria se perguntar se tem talentos que o favorecerão no desempenho da respectiva atividade. Se resolver abraçá-la, deve estar pronto para conhecer os percalços naturais do caminho. E, obviamente, não há atalhos. Sabemos que a semeadura é opcional, e a colheita, obrigatória. O plantio de sementes do bem resulta em colheita benéfica para todos. Ao empresário adepto da "Lei de Gerson", que age naturalmente como indivíduo que quer levar vantagem em todos os processos, a qualquer custo, sugerimos uma análise mais profunda do que seja o conceito de sucesso. Esse perfil é dos denominados "normóticos", grupo que precisa de tratamento diferenciado. São indivíduos que se deixaram contaminar pela "patologia da normalidade", como abordam os autores Pierre Wail, Jean-Yves Leloup e Roberto Crema no livro Normose – a patologia da normalidade[48].

> *A normose pode ser definida como o conjunto de normas, conceitos, valores, estereótipos, hábitos de pensar ou de agir, que são aprovados por consenso ou pela maioria em uma determinada sociedade e que provocam sofrimento, doença e morte. Em outras palavras, é algo patogênico e letal, executado sem que os seus autores e atores tenham consciência de sua natureza patológica [...]. A normose é, portanto, uma normalidade doentia. Distingue-se da normalidade saudável, como levantar-se cedo e caminhar todos os dias, por exemplo, que constitui um consenso, e da normalidade neutra, como, por exemplo, almoçar ao meio-dia.*

O líder que acredita que as pessoas correspondem aos seus gritos quando está "pilhado", tratando-as com rispidez, está doente. O motorista que não respeita o trânsito e assume ultrapassar os outros veículos pelo

---

[48] A WAIL, Pierre; LELOUP, Jean-Yves e CREMA, Roberto. *Normose – a patologia da normalidade*. Petrópolis: Vozes, 2014.

acostamento de uma rodovia, ocasionando um acidente, eventualmente até matando um pedestre, também é apresenta uma patologia. Da mesma forma, o empresário que intencionalmente não paga os impostos de sua empresa, por alegar razões para isso. São perfis de pessoas que se distanciam de uma vida harmônica em sociedade, dando vazão ao impulso do egoísmo, desrespeitando as leis e a sociedade. É lícito e conveniente que busque o sucesso, porém, antes de tudo, deve pensar nas consequências das atitudes que toma diante dos desafios que abraçou.

Na missão da empresa mora sua possibilidade de ser perene, de romper os séculos. Para Jack Welch, a missão deve responder à seguinte pergunta: "Como pretendemos viver desse negócio?". Implica verificar constantemente se o propósito vem sendo mantido, se todos os colaboradores da organização conhecem essa missão e se a respeitam. Se o líder perder essa referência, significa que o "barco furou e o naufrágio é iminente". O processo de conduzir uma empresa passa por transformar vidas, antes de tudo. A visão ampla de si mesmo, a consciência das intenções e a repercussão das próprias ações devem nortear o líder, o empreendedor.

Que prepondere o sentimento de cooperação sobre o de egoísmo. A gestão de pessoas deve estar fundamentada no respeito e no desenvolvimento dos valores humanos.

A transformação mais significativa é aquela que ocorre diariamente com o líder, no qual seus colaboradores se espelham. Não há um fim para esse processo. Visando-se à excelência, haverá sempre um percurso ainda a ser trilhado, considerando que a perfeição não existe para nós, seres humanos em desenvolvimento. Os resultados advindos de tais transformações serão constatados de maneira ampla, desde:

1. melhora do clima organizacional;
2. diminuição de absenteísmo;
3. redução de reclamações dos colaboradores;
4. queda do índice de demissões voluntárias;

5. retenção de talentos;
6. aumento de produtividade;
7. preservação do lucro líquido.

Durante anos, o homem foi avaliado pelo nível de seu quociente de inteligência (QI)[49]. Os estudos sobre o coeficiente emocional (QE)[50] vieram a comprovar a importância do equilíbrio das emoções, culminando com o coeficiente espiritual (QS), que atribui à consciência espiritual do ser o nível de sua felicidade. É a essa espiritualidade que nos referimos, à consciência quanto ao que colherá, inevitavelmente, em todos os campos da vida pelas sementes lançadas no campo profissional.

A missão da empresa será atingida, e todos os que dela fizerem parte continuarão vivendo do negócio, tendo os sonhos transformados em realidade.

Das transformações intrapessoais

Transformação I – do conhecimento
- Evite crer que sabe tudo e disponha-se a aprender sempre.
- O conhecimento eclético será a base de sua prosperidade, desde as áreas de seu negócio até a física quântica, ciência que explica do que sua mente é capaz.
- Aceite que terá paradigmas a quebrar a cada novo desafio.

Trabalhe a disciplina: aperfeiçoe-se!

---

[49]Quociente de inteligência (abreviado para QI, de uso comum) é uma medida padronizada obtida por meio de testes desenvolvidos para avaliar as capacidades cognitivas (inteligência) de um sujeito. É a expressão do nível de habilidade de um indivíduo num determinado momento em relação ao padrão (ou normas) comum à sua faixa etária, considerando que a inteligência de um indivíduo, em qualquer momento, é o "produto" final de uma complexa sequência de interações entre fatores ambientais e hereditários. O psicólogo americano Lewis Terman, da Universidade Stanford, revisou a escala Binet Simon, resultando nas escalas de inteligência Stanford-Binet (1916). Este tornou-se o teste mais popular nos Estados Unidos por décadas. Fonte: Quociente de inteligência. Disponível em: <https://pt.wikipedia.org/wiki/Quociente_de_intelig%C3%AAncia>. Acesso em: set. 2019.
[49]GOLEMAN, Daniel. Inteligência emocional. Rio de Janeiro: Objetiva, 1995.

CONSCIÊNCIA **TRANSFORMADORA**

Transformação II – dos valores
- Refute tendências exclusivistas e cultive valores e princípios universais.
- Valores são comportamentos e determinarão seus resultados.
- Mantenha-se fiel: valores declarados devem ser os praticados.

Trabalhe a integridade: conscientize-se!

Transformação III – da missão de vida
- Negue-se a "buscar atalhos" ou viver à mercê da sorte e defina sua missão em consonância com os valores e princípios universais.
- Seus talentos definem a escolha de sua missão.
- Estabeleça seus objetivos e mantenha o foco.

Trabalhe o propósito: determine-se!

Transformação IV – da liderança e autoliderança
- Rejeite comandos ou sugestões provenientes de índole mal-intencionada e prossiga mantendo incólume seu caráter.
- Adote as referências de liderança dos líderes do bem.

Trabalhe a regência: oriente-se!

Transformação V – da força interior
- Conteste as fórmulas de motivação convencionais e busque em si mesmo a força propulsora do autoamor.
- A gratidão é o sentimento que lhe despertará uma incrível força a fluir pelo corpo, alimentando a vida, como o oxigênio em seu sangue.

Trabalhe o dinamismo: expresse-se!

Transformação VI – do resultado
- Combata a inércia e o desperdício de tempo e determine produzir os frutos para os quais veio destinado.
- A semeadura é opcional; a colheita, obrigatória.

Trabalhe a providência: empenhe-se!

Transformação VII – da espiritualidade
- Combata a erva daninha da displicência espiritual e regue a semente da espiritualidade lançada ao solo de seu coração.
- A espiritualidade – não a religião – é a base da autoconfiança e da serenidade.

Trabalhe a conexão: espiritualize-se!

POEMA DA TRANSFORMAÇÃO

Que propósito construtivo haveria em resistir apenas?
Abrir-se ao novo é conceber o verbo evoluir,
Corrigindo-se no que for necessário,
Nem por isso corrompendo-se.
Ao contrário, se o alicerce é firme,
Há que se construa sobre ele uma nova estrutura
Em harmonia com o propósito inicial
E com os novos planos.
Reestruturar-se interiormente, posto que
Ninguém evolui sem abalos, sem incômodos.
Permita-se incomodar pelas brisas do inconsciente,
Que trazem sugestões para o recomeço!
Esquive-se da inércia,
Entregue-se ao desconforto produtivo,
Inerente à arte de transformar-se,
E aceite, definitivamente, o desafio de renovar-se sempre!

REFERÊNCIAS BIBLIOGRÁFICAS

ARAUJO, Antonio C. P. Como entender a lei de recuperação empresas – uma visão econômica. São Paulo: Trevisan Editora Universitária, 2006.

CHARAM, Ram. Crescimento e lucro – as 10 ferramentas para sua empresa começar a mudar amanhã mesmo. São Paulo: Campus, 2004.

DALLA VALLE, Agostinho. Turnaround – virando o jogo: da crise para a recuperação. Porto Alegre: Sulina, 2010.

DEBORD, Guy. A sociedade do espetáculo. Rio de Janeiro: Contraponto, 2007.

DEMING, W. E. The deming route to quality and productivity – road maps and roadblocks. Bélgica: CEEP Press, 1993.

DOMINGOS, Reinaldo. Terapia financeira. Realize seus sonhos com educação financeira. São Paulo: DSOP, 2012.

DOMINGOS, Reinaldo. Empreender vitorioso com sonhos e lucro em primeiro lugar. São Paulo: DSOP, 2018.

ENCONTRO DE ESTUDOS SOBRE EMPREENDEDORISMO E GESTÃO DE PEQUENAS EMPRESAS. 4. 2005, Curitiba, Anais.

FONSECA, José Wladimir Freitas da. Administração financeira e orçamentária (livro digital).

FREUD, Sigmund. (1950 [1895]). Projeto para uma psicologia científica. In: Edição Standard Brasileira das Obras Psicológicas Completas. Rio de Janeiro: Imago, 1980. v. I.

GUARNIERI, V. e PATRÃO, G. Alquimia pessoal – como vencer a autossabotagem e atingir a prosperidade total. São Paulo: DSOP, 2013.

HESSELBEIN, Frances e COHEN, PAUL M. De líder para líder. São Paulo: Futura, 1999.

KOTTER, J. P. Sentido de Urgência. São Paulo: Best Seller, 2008.

KRAUSZ, Rosa R. Compartilhando o poder nas organizações. São Paulo: Nobel, 1991.

LASCH, Christopher. A cultura do narcisismo. Rio de Janeiro: Imago, 1983.

MACULAN, Anne Marie. Analisando o empreendedorismo. In: Egepe.

MAY, Rollo. O homem à procura de si mesmo. Petrópolis: Vozes, 1998.

PEREZ, MARCELO M. Uma contribuição ao estudo do processo de recuperação de empresas em dificuldades financeiras no Brasil. Faculdade de Economia, Administração e Contabilidade da Universidade de São Paulo (USP).

QUEIROZ, Jorge. Prevenção de crises e recuperação de empresas. In: OLIVEIRA, Fátima Bayama (org.). Recuperação de empresas: uma múltipla visão da nova lei. São Paulo: Pearson Prentice Hall, 2006.

ARAGOS, Rafael. Recuperação extrajudicial de empresas. Faculdades Integradas Antônio Eufrasio de Toledo. Faculdade de Direito de Presidente Prudente, 2007.

ROIEK, Rosane Sippel e BULGACOV, Sergio. Declínio organizacional e processo estratégico. In: Encontro da Associação Nacional dos Programas de Pós-Graduação em Administração (Enanpad), Foz do Iguaçu, 1999.

SARMENTO, Tiago A. M. A semiótica do medo. 107 f. Trabalho de Conclusão de Curso (monografia – graduação em Comunicação Social). Centro de Ensino Superior de Juiz de Fora, Juiz de Fora, 2007.

SARMENTO, Tiago A. M. e COPPUS, Alinne N. S. Os signos de Batman: uma análise do personagem a partir da semiótica e psicanálise.

SILVEIRO, André e BÁRIL, Daniel. Turnaround – revigorando empresas familiares. Porto Alegre: Palmarinca, 2013.

WAIL, Pierre; LELOUP, Jean-Yves e CREMA, Roberto. Normose – a patologia da normalidade. Petrópolis: Vozes, 2014.

WELCH, Jack; WELCH, Suzy. Paixão por vencer – a bíblia do sucesso. São Paulo: Campus, 2005.

ZOHAR, Danah. O ser quântico. São Paulo: Best Seller, 1990.

Item
BRASIL
INSTITUTO DE TRANSFORMAÇÃO DE EMPRESAS

Em *Consciência Transformadora*, a partir de exemplos reais, os autores mostram como identificar e, o melhor, superar os desafios relacionados à gestão de pessoas e de negócios. Seguindo uma lógica poderosa, a obra procura mostrar maneiras de como mudar o paradigma mental para uma plena recuperação dos negócios. Tudo isso com base em um método simples e bastante eficaz, além, é claro, de muita coragem.